全国学力テスト
7年連続日本一

親子でできる秋田県式勉強法

菅原 敏＝著

二見書房

◎はじめに

「子どもたちの学力を上げるにはどうしたらいいのか」

これは、子どもを持つ親の共通の悩みでしょう。塾に通わせたらいいのか、家庭教師をつけたらいいのかと迷っているご家庭もあるでしょう。

しかし、塾や家庭教師は費用が高く、家計の負担が大きくなります。塾などに通うことを考える前に、学力アップのため親が子どもたちにできることは、まだまだあるのです。

そのうちの一つが、「学習習慣の定着」と「読み・書き・計算力の重視」です。

私は、全国学力テスト7年連続1位となった秋田県の小学校で22年間、小学校の教師を務めました。秋田県が学力テストで好成績を収めつづけている要因はいくつもありますが、「学習習慣の定着」と「読み・書き・計算力の重視」こそ、秋田県がもっとも力を入れてきたことなのです。

この本では、まず上述した、「学習習慣の定着」と「読み・書き・計算力の重視」をどのようにすれば実践できるのかを詳細に解説していきます。そして、ほかにも実際に学校現場で行なわれている、学力向上に役立つ学習メソッドをできるだけ紹介していきたいと思います。

「学校で先生たちがやっていることを家庭でできるの？」と思われる方もいるでしょう。この本のなかでは、秋田県の学校で行なっていることをそのままお伝えするわけではありません。これらを「どこの家庭でもできる形に」カスタマイズして紹介します。

ところで、秋田県の学力テストについては、昨年、ある週刊誌に「全国学力テスト〝秋田県のカラクリ〟」という批判記事が出されました。その要旨は、「秋田県はふだんの授業の代わりにテスト対策をしている。だから、順位がよくて当たり前」というものです。

しかし、これに対しては反論が二点あります。

まず一点は、そもそもテスト対策はいけないことなのか？　ということです。秋田県では、全国学力テストとは別に、県独自の学力テストも行なっています。この二回のテストを子どもたちの学力を判断する材料にしているのです。もちろん、テストの結果はすべて先生たちが検証・分析し、日々の授業改善の材料にしています。

一方で、全国学力テストは非常に良問ぞろいです。

学力テストに向けて、過去問題や類似問題を繰り返し練習することは、非常に有意義なことなのです。

二点目は、秋田県の教育の成果は他県でも証明されているということです。２０１４年の全国学力テストで注目されたのは、沖縄県の躍進ぶりです。大幅に改善したのは小学校です。これまで都道府県別の平均正答率では6年連続最下位だったところから、24位へと、大幅に躍進したのです。

この要因の一つは、２００９年から秋田県と毎年二人ずつ教員を派遣し合って、秋田県の教育法を取り入れたことです。この事実も秋田県の学力1位の成績は、「テスト対策」によるものだけではないことを証明しているといえるでしょう。

秋田県の取り組みが示しているように、子どもたちに学力を定着させることは一朝一夕にできることではありません。日々学習を継続して少しずつ積み重ねていくものなのです。

この本を読んでいる保護者の方は、子どもたちの学力を少しでもアップさせたいと考えているることでしょう。それには、親が子どもの学習をしっかりとサポートすることが何より大切です。

とくに毎日集中して学習する習慣がついていない子どもなら、なおさらです。

子育ては、親にとっても人生の重要なテーマです。けっしてあきらめてはいけません。

この本では、そんな親御さんがどのように子どもたちに指導をすればいいのかをていねいに解説しています。まずは、この本に書いていることをできることから実践してみてください。

目次

第2章
秋田県の教育はここがスゴイ!!

第3章 家庭学習で学習習慣と基礎学力を身につける

第4章 家庭学習ノートを使ってみよう

第5章

教科書・ドリル・テストを有効活用して学力アップ

第6章 こんなときどうするQ&A

親子でできる

秋田県式勉強法

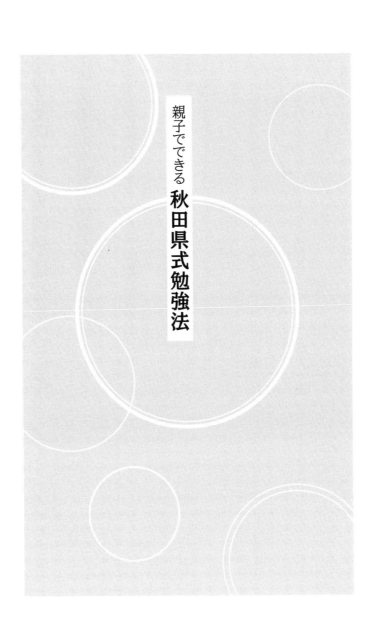

小学生の子どもに学ばせたいこと

①小学校での学習が生涯学習の基礎となる

≡ 入学後に最初に学ぶことは「勉強の仕方」

この本を読んでくださっている方は、少なからずお子さんの学力に対してお困りの方だと思います。まず、第1章では、生涯学びつづけていくための土台となる、小学生のうちに培《つちか》うべき力について書いていきたいと思います。

私は、秋田県の小学校で22年間、学級担任を務めました。その間、1年生から6年生までの全学年を担任しましたが、はじめて1年生を担任したときのことは今でも印象に残っています。

小学校入学初日、28名の子どもたちが学級に集まりました。はじめての一年生の担任だった私は、教室のなかに集まっている子どもたちと保護者の方々の期待と不安が混じったような表情に、身が引き締まる思いでした。まだ学校生活を知らない子どもたちは何もできません。入学式当日には6年生のお姉さんたちも教室に手伝いに来てくれます。

じっとしていることができずにキョロキョロ教室のなかを見回している子ども、何度もトイレに行きたいという子ども、机に座っていられない子どもなどさまざまです。

それでも入学式で、私が名前を呼ぶと全員が「はい！」と大きな返事をしてくれたことが今でも忘れられません。

入学式が終わってても最初の一ヵ月は、勉強を始める前の「どのようにして勉強をするのか」のトレーニングになります。

それまで30名ほどの集団で学んだことのない子どもたちは、学校生活や勉強のルールを知りません。ですから、45分の授業のあいだじっと座っていること、先生が話したら顔を向けて聞くこと、名前を呼ばれたらきちんと返事をすることなど、基本的なことを学んでいくのです。

こうしたトレーニングを続けて、1ヵ月もすると教科書を読んだり、ノートに文字を書いたりできるようになります。逆にこの間に、「勉強の仕方」をしっかりと学ばせないと、いわゆる「学級崩壊」などにつながってしまうことも少なくありません。それほど、基本的な学習習慣を身につけることは大切なことなのです。

学ぶ力とは？

ところで、小学校で学ぶことを大きく二つに分けると、「生活する力」と学習内容の理解を含めた「学ぶ力」を培うことです。

「生活する力」というのは自立した社会人として生きぬいていく力です。

これに対して「学ぶ力」というのは、生涯学びつづけるための力です。人間は義務教育が終われば勉強が終わりというわけではありません。一生涯、自分の見識を深めたり、夢を実現したりするために勉強しつづけることが必要となります。小学校はそのための土台を作る重要な時間なのです。

では、具体的に学ぶ力とはどういうものなのでしょうか？

たくさんありますので、いくつか例をあげてみましょう。

まず大切なのが、「継続して学習する力」です。秋田県の学力が全国トップであることはご存じだと思いますが、その学力を支えているのは継続して学習する力です。

秋田県の家庭学習は、全国的に有名ですが、子どもたちは1年間ほとんど休まずに続けています。土曜日、日曜日、夏休み、冬休みも続けています。ですから、1年を通じると家庭学習ノートを30冊以上使う子どももいます。

1日の勉強は1時間程度でも、それを6年間続けると膨大な学習量になります。これが習慣化して、「毎日勉強することが普通」になることが大切なのです。

メジャーリーガーとして活躍しているイチロー選手は、小・中学生の頃1日も休まずにバッティングセンターに通ったのは有名な話です。「毎日続けること」、このことも学ぶ力の一つなのです。

もう一つ例をあげると、**わからないことを「調べる力」**です。秋田県の小学校の多くは、授業中は手の届くところに国語辞典を置いています。これは、国語にかぎらずわからない言葉が出てきたら、すぐに調べることができるように準備しているのです。

現代はインターネット社会になり、情報がどんどん更新されるようになりました。ですから、いくら知識を暗記しても情報が古くなってしまうのです。

そのために大切なのは自ら調べる力です。学校では、国語辞典の使い方から、インターネットの活用の方法まで学びます。それらの能力を身につけ、わからないこと、興味があることを自分の力で調べていけるようになることが大切なのです。

≡ 学ぶ力と基礎学力があれば生涯学習できる

このほかにも学ぶ力には、「集中して学習する」「ていねいに作業する」などさまざまなものがありますので、この本のなかで随時解説していきたいと思います。

そして「学ぶ力」とともに、子どもたちが学びつづけていくうえで大切なのが基礎学力です。具体的には、読み、書き、計算の力です。

これらの基礎学力が小学生のうちに定着していなければ、その後、いざ何かを学ぼうとするときに苦労するのは目に見えています。

秋田県の教育で大切にしているのも、この読み、書き、計算の力です。子どもたちには基礎学力を定着させながら、その過程を通して学ぶ力もつけていくことが理想的です。

②ゆとり教育で育てたかった力

≡ ゆとり教育とは?

基礎学力の大切さについて書いてきましたが、数年前までの日本では「ゆとり教育」と呼ばれる教育方針が示されていました。近頃ではこのゆとり教育を「失敗」ととらえて、ゆとり教育で学んだ若者たちを「ゆとり世代」などと揶揄《やゆ》する言葉も生まれています。

では、そもそもゆとり教育とはどのようなものだったのでしょうか。

ゆとり教育とは、受験競争の加熱や暗記や習熟中心の教育が知識の詰め込みであると批判を受けたり、不登校やいじめ、少年非行を誘発しているのではないかと懸念されたりしたことで、改善策として開始されたものです。偏差値などの数字重視の詰め込み教育を廃止してゆとりのある教育に転換しようというねらいがありました。

同時に、学力だけでなく、「生きる力」を育成しようとしたのです。そのため、学習内容を大幅に削減し、無理のない学習環境のなかで子どもたちが自ら学び、考える力の育成を目指したのです。

ゆとり教育の内容と総合的な学習の時間

ゆとり教育が子どもたちの生きる力の育成に重点を置いたのは、やはり詰め込み教育の反省によるところが大きかったようです。

当時は、受験戦争などと呼ばれ、どれだけ偏差値を上げられるかが重視されました。しかし、基礎知識を徹底的に頭のなかに詰め込むやり方では、子どもたちの自由な想像力は伸ばせないと考えたのでしょう。

このゆとり教育は2002年度から施行された学習指導要領による教育ですが、当時の学校現場の混乱はよく覚えています。

まずは、土曜日の授業がなくなりました。その分、授業時数が少なくなり、学習内容も3割ほど削減されたのです。

この学習内容の削減で象徴的にいわれているのが、円周率を、「3・14」と教えていたものが「3」になったことです。そのときの文科省からの説明は次のようなものでした。『円周率については、【3・14】と教えるだけではなく、それが本当は、3・1415…とどこまでも続く数で、【3・14】も概数にすぎないということをこれまでどおり、きちんと教えます。

なお、円周率については、これまでも「目的に応じて3を用いる」こととしていますが、これは、およその長さが知りたい場合には、3を用いて計算するなど、さまざまな状況に応じて自分の判断により、使い分けられるようになってもらいたいからです』

このようなねらいのもと導入されましたが、学校現場ではふつうに「3」が使われるようになりました。あまりにも計算が楽になり、教えている私は「これでは計算力が落ちるのではないか」と不安に思いました。

このような形で各教科で学習内容が削減されたのです。

そして各教科の時数を削減して導入されたのが「総合的な学習の時間」でした。

この「総合的な学習の時間」が現場に与えた混乱は想像以上でした。何しろ教科書もなく、学習の内容自体が各学校に任されたのです。各学校がその創意工夫によって独自の学習カリキュラムを組み、バラエティに富んだ学習機会を子どもたちに与えようというねらいがあったからです。

結局、学校現場で総合的な学習の時間におもに行なわれることになったのは、自分で課題を決めてそれを調べる課題解決学習、農家に行って田植えをしたり、一流の音楽家の演奏を聴いたりする体験学習でした。

学習内容の削減、総合的な学習の時間の導入、この二つが学校現場にとってはとても大きな変化だったのです。

③ゆとり教育で失ったものは学力だけではない

≡ ゆとり教育で得られた力

ただ、批判的に語られることの多いゆとり教育ですが、よかったことがないわけではありません。**ゆとり教育の利点はなんといっても、自分自身で物ごとを考える力を育てることができた**ということです。「自分自身で考える力」は、数値化することができないので、データを比較することはできません。しかし少なくとも課題解決学習の機会が増えたことで、自分で課題を見つける力、それを追求する力はその前の世代に比べて間違いなくついたと感じています。

また、体験学習をしたり、外部の指導者を呼んだりする機会が増えたこともゆとり教育の成果です。これによって子どもたちのコミュニケーション能力は大きくアップした実感があります。

ゆとり教育は失敗ととらえられることが多いですが、このなかで得られた「課題を見つける力」「コミュニケーション能力」などは、今後も子どもたちに伸ばしていきたい力だと思っています。

≡ 最後までやり通すという気持ち

世間ではゆとり教育をさして、「学力が落ちた」ということのみ語られることが多いのですが、学校現場にいてもっとも感じたことは、別なことでした。

それは、「最後までやり通すという気持ち」が弱くなったことです。私の年齢は40代後半ですが、私たちの子どもの頃やゆとり教育前の世代では、苦しくてもやりとげるという経験が設定されていました。

最後までやり通す経験というのは、逆上がりができるようになることや25メートル泳ぐこと、持久走で最後まで走りきることなどです。ゆとり教育が始まった頃から、「ゆとり」という言葉の影響からか、子どもたちに苦しくてもがんばるという指導がしにくくなりました。

ふり返ってみると、昔は、手にまめができてもクラス全員ができるまで逆上がりをがんばるという指導がありました。涙を流しながらがんばる子どもがいる一方で、できたときにはみんなで拍手して喜び合うという機会がありました。

　また、全校集会などで、作文を発表したことがある人もいるのではないでしょうか。昔は作文の発表は、かなり練習が必要でした。それは作文を暗記して発表していたからです。何度も何度も間違えることがないように練習をするのです。ですから、うまく発表ができたときには教師も子どもも達成感がありました。

　しかし、ゆとり教育以降は、「子どもたちに余計な負担をかけないように」とか、「時間をかけないように」という考えが先行して子どもたちが最後までやり通す経験が本当に少なくなったように思います。

ゆとり教育以降、最後までやり通す経験が少なくなりました

子どもたちに競争させることも、あまり歓迎されない風潮になりました。一時は、順位をつけないようにするために、徒競走では手をつないでゴールするなどということが話題になったほどです。

これによって、**「最後までがんばってよかった」「あのときやりとげたんだから今度もがんばれる」という達成感や自信を得られる機会が失われたことは、非常に残念なこと**だと感じています。

三 子どもに「やり通させる」大人の覚悟

先述したようにゆとり教育によって、教師が子どもたちに「やり通させる」経験を積ませることが少なくなりました。

さらに問題なのは、親も同じように「やり通させる」ことをしなくなったことです。昔は「先生、うちの子どもには厳しく指導してください」とお願いされることも多かったのです。しかし、近年になると、学校で厳しく指導すると「学校に行きたくないといっている」「子どもが傷ついている」などのクレームが入るようになりました。これによって、教師の指導はどんどん弱腰になっていったように感じます。

ところで、小学生だった頃のご自分の通知表を思い出してみてください。通信欄に、「落ち着きがない」「忘れ物が多い」「集中力がない」などと、できていないことを注意された記憶はありませんか？

ところが今の通知表では、基本的に子どもたちのよいところしか書きません。通知表に書かなければ、いつ先生は子どもたちのできていないところを親に伝えるのでしょうか。ゆとり教育では、文部科学省のねらうところとは別に、教師や親が反応してしまい、子どもたちの忍耐力などの心の強さを奪ってしまったような気がしてなりません。

④学校・家庭・地域の教育力の低下

≡ 地域のつながりを薄くさせた原因とは

秋田県の学力の高さによい影響を与えているのが地域の教育力です。近年は地域の教育力が低下しているといわれていますが、そのなかでも比較的に維持されているのが秋田県だといえるでしょう。

　地域の教育力が低下した原因の一つは、隣近所とのつながりがなくなってきたことです。核家族化が進行し、さらに共稼ぎの世帯が増えたため昼間、近所の人と顔を合わせる機会が減っているのです。

　さらに個人情報を守るという意識が高まったことも原因の一つです。

　こんなことがありました。

　学校では緊急時の連絡用に電話連絡網を作っていました。たとえば、運動会を延期するかどうか、インフルエンザなどで学級閉鎖が決まったとき、不審者が出没したときなどに使用するためのものです。

　しかし、個人情報を守るという意識が高まってからは、「電話連絡網に電話番号を載せないでほしい」という要望が出るようになりました。そのため、電話番号を載せない家庭には連絡網とは別に担任が直接電話をするということが続出したのです。

　他方、近所の子どもに声をかけにくいという実態もあります。ニュースなどで報道されるように子どもが被害を受ける事件が多発しています。そのため、学校では「知らない人に声をかけられてもついていかないように」「危ないと思ったら大声を上げて逃げるように」と指導しています。

このような指導をしてから、近所の人たちから「子どもたちに声をかけにくくなった」という声が聞かれるようになりました。声をかけるほうが「もし不審者と思われたら大変だ」という心配があり、気軽に声をかけにくくなったのです。このころから子どもたちが外で遊ぶことが少なくなり、より地域とのつながりが薄くなったように思うのです。

家族での団らんが減っている

地域の教育力と並んで、深刻なのが家族の団らんが減っていることです。家族での団らんが減ることは家庭の教育力の低下を招くと私は思っています。

家族の団らんが減ったことは核家族化の進行や職業の多様化(夜間や休日に働く職種が増えた)が影響していると考えられます。

それに昔に比べ、共稼ぎの家庭が増えました。学級担任をしていても、放課後、子どもだけで過ごす家庭が増えているのを感じていました。

家族団らんは、会話力がついたり、生活の知恵を学べる貴重な時間です

そのため、家族がそろって夕食を食べる家庭が徐々に減っているのです。「週のうち、1日か2日、家族そろって夕食を食べればいいほう」という家もあるほどです。

一方で、家族団らんの質を低下させる原因としてゲームやスマホの影響もあります。家族がいっしょに過ごしているときにもそれぞれがゲームやスマホの個人の世界のなかに没頭してしまい、会話がなくなってしまうのです。

みなさんも、ファミレスなどで親子連れがまったく会話もなく、それぞれがゲームやスマホをしているシーンを見たことがあるでしょう。私はとても違和感があります。いっしょにいてもお互い会話をしないのでは、団らんとはいえないのです。

先述したように地域の教育力の低下は社会の移り変わりの影響もあり、個人の力で変えることは難しいと思います。しかし、家族での団らんは心がけしだいで取り戻すことができます。**家族の団らんは、話すことで会話力がついたり、家族から生活についての知恵を学んだりすることができる貴重な時間**です。少ない時間でも家族がそろって話をする時間を大切にしてほしいと思います。

まずは、「今日学校でどんなことがあった？」と必ず聞いてあげる習慣を作りましょう。そうすることで子どもたちの小さな変化に気づくことができます。

逆に毎日何も聞かないでいると、学校のこと、自分のことを話さなくなってしまいます。そうならないためにも、子どもと話す時間を意識的に設定する必要があるのです。

⑤ほめることと叱ることを使い分ける

≡ 叱ることができない親

ほめることは子どもを伸ばすうえで大切なことですが、ほめているだけでは子どもたちを自立した大人に育てることはできません。

ときに子どもたちは間違ったことをします。それは子どもたちがまだ不完全な存在で、未熟な部分があるからです。だからこそ、よくないことをしたときにはしっかりと叱ることも必要なのです。

スーパーマーケットなどで子どもたちが大声を上げて走り回っていても平然と買い物をしている親がいます。自分はそれでもよいかもしれませんが、子どもにとってはよくありません。まわりから「あの子は場に応じた行動ができていない」と思われてしまうのです。

親にとっても叱ることはエネルギーのいることですが、よくない行ないをしたときにはその場ですぐに叱ってあげることが大切なのです。

それではここで、叱るときのコツを一つお伝えしましょう。

まずは、「どんなときに叱るのか」をしっかりと決めておくことです。そうすることで、反射的に、感情的に叱ってしまうことを防ぐことができます。

「人に迷惑をかけたとき」「約束を守れなかったとき」「危険なことをしたとき」など叱ら

なければならない場面はある程度決まっているはずです。それができなかったときには、しっかりと叱らなければいけません。

逆に、子どものすることを事細かに叱る親がいます。やることなすこと叱っていては、子どもたちが楽しく過ごすことができませんし、何を一番守らなければならないかがわからなくなってしまいます。

親は「どんなときに叱るのか」のルールを自分のなかで決めておく必要があるのです。

≡ 自分が責められたように反撃してしまう

一方で叱れないだけでなく、過保護になってしまう親もいます。このような親は子どもと自分を同一視してしまうことが多いようです。

私が教師時代、生徒指導主事をしていたときのこと。5年生の女子児童の保護者が、「うちの子がいじめられている」と怒鳴り込んできたことがありました。話を聞いてみると、仲良し4人グループの3人がズックを隠したり、意地悪な手紙を書いたりするというのです。

そこで、3人の女子児童に話を聞いてみると「そんなことはしていない」という返事が返ってきました。よくよく調べてみると、まわりの子どもの気を引くために自分でズックを隠したり、手紙を書いたりしていることがわかったのです。

そこで、学級担任に事情を説明してもらうと、逆に「先生の指導が悪いからこんなことになったんじゃないですか」「他の子にいじめられてしかたなくやったんです」などと子どもの非を認めなかったのです。

この保護者は、自分の子どもが注意されたり、よくないことを指摘されたりすると自分が責められたように逆ギレしてしまうタイプでした。長いあいだ教師をしていると、このようなタイプの保護者に出くわすことが多々あります。

このような保護者のもう一つの特徴は、他人には勢いよく攻撃するわりに、自分の子どもを叱れないことが多いことです。子どもを無条件にかばうことを子育てと勘違いしている一例です。

親が子どもを同一視してしまう場合も、子どもは適切な指導を受けていないことになります。親は子どもを自立した大人に育てるためのもっとも身近な存在です。自分が親として子どもにどう接しているのか、ときどき客観的に見つめ直してみることが大切なのです。

⑥子どもの学習時間を大切にする

≡ 経済的な豊かさと学力

東京大学が在校生の家庭状況を調査した「2010年学生生活実態調査の結果」(2011年12月発行)によれば、世帯年収950万円以上の家庭が51・8%に上っているそうです。つまり東大生の親の世帯年収は約1000万円の家庭が半分以上であるということです。

ちなみに、厚生労働省の発表では日本の世帯平均年収は約550万円ということになっているので、東大生の半分は日本の平均世帯年収の約2倍、もしくはそれ以上を稼いでいる家庭の子どもということになります。

この事実からよくいわれることは、「経済的に豊かな家庭の子どものほうが学力が高い」ということです。経済的に余裕があれば、私立の進学校に通わせたり、塾や家庭教師にお金をかけたりできるという意味です。

たしかに教育費にお金をかけることができれば、子どもたちの学力アップによい影響を与えることができるのは明らかです。

しかし、私の経験上、「お金をかけたこと」＝「学力アップ」ということよりはむしろ、**子どもの教育に力を入れることのほうが学力アップには効果がある**と感じています。

たとえお金持ちの家庭でも、教育にお金をかけず他のことに使う家庭もあります。教育にお金をかけるということは、「子どもの教育を大切に考えている」という側面もあるのです。

家族の意識が学力を上げる

では、「子どもの教育を大切にする」とは、どういうことでしょうか？

私は子どもの学力アップには、家族の協力が欠かせないと思っています。

クラスの子どもたちには、さまざまな家庭環境があります。そのなかには、「これではなかなか学習がはかどらないだろう」という家庭があるのも事実です。

家庭学習の時間に、小学校入学前の弟や妹が大騒ぎをしているなかで勉強していることがあります。部屋数が限られていたり、小さな子どもの居場所がなかったり、それぞれの事情があることはわかります。

それでも子どもの学力アップを図ろうと思うなら、学習環境を整備してあげることが大切です。

たとえば、小学校入学前の兄弟がたくさんいたとしても、家庭学習の時間を塗り絵やお絵かきをする時間に設定し、そのときは親もテレビを見たり、スマホをいじったりするのではなく、新聞を読んだり、本を読んだりするのです。こうすると、家庭のなかに子どもが学習する雰囲気が生まれてきます。

「毎日この時間は、静かに学習する時間」という意識が生まれれば、自然に学習の習慣がついてくるはずです。

このように、毎日の子どもの学習をより充実したものにすることも「子どもの教育を大切にする」ことの一つなのです。

実社会のなかでも学習する

また、教育を大切にするという点では、「生活のなかに学習を取り入れる」こともよい方

祖父母に手紙やハガキを書くのは、文章力をつけるよい方法といえます

法です。

たとえば、スーパーのチラシなども、とてもよい教材になります。チラシには「日曜日は10パーセント引き」などの宣伝文句があります。そんなときには、「じゃあ、2000円分買い物したら、いくら割引になる？」と質問してみるとよいでしょう。

車に乗っているときも勉強ができます。「前の車のナンバーを全部足してみよう」とか、「ナンバーを使って文章問題を作ってみよう」など工夫をすれば、楽しく勉強する機会はたくさんあります。

積極的に手紙を書いてみることは、文章力をつけるためのよい方法です。「作文が苦手で困る」というのはよく聞く悩みですが、そんな子どもにこそ手紙はおすすめです。手紙のよい点は、作文を書くときに相手意識が持てることです。

作文が苦手な子どもはたいてい「何を書いてよいかわからない」ものです。だからこそ、相手を思い浮かべてその人に伝えたいことを書いてみるのです。

はじめは、手紙ではなくハガキでもよいと思います。字数の少ないハガキならより抵抗なく作文に取り組めるからです。

⑦勉強は自分でやるべきもの

≡ 答えの丸写しをする子ども

子どもの学力をアップするうえで大切なことは、学習へのモチベーションを高めることです。

子どもたちに聞かれて困ることに「どうして勉強しなければいけないの？」というものがあります。これこそ、正解のない難しい問題です。

この質問の答えは、子ども一人ひとりによって違うのです。たとえば、将来お医者さんになりたい子どもがいるとすれば「お医者さんは人の命を救う責任のある仕事。だからいっぱい勉強して間違いをしないようにしなければならない」と答えられるかもしれません。

このような目標や夢がしっかりと決まっている子どもであれば楽ですが、子どもたちの多くは「勉強するより遊びたい」と思っているから難しいのです。

秋田県では、家庭学習を毎日提出することを課しています。しかし学習の内容はさまざまです。勉強に対して、まったくやる気のない子どものノートはすぐにわかります。やる気のないことが明らかなのです。

たとえば、計算ドリルの一番簡単なところをやってきたり、毎日同じ問題を書いてきたりします。ひどいときには、明らかに途中の計算をしていなくて、「答えを見て丸写ししたのではないか」と感じることもあるほどです。

では、このような子どもにどのように指導したらいいのでしょうか?

自分からすすんで学習できない子どもは、まだ勉強に対するモチベーションが低い状態にあります。むしろ、このような子どものほうが多いのが現実です。

このような子どもたちに対しては、「なぜ勉強するのか?」を考えさせるよりも、勉強は「必ずしなければならないこと」と教えなければなりません。

≡ 家庭学習は「毎日やること」を習慣づける

まだ学習習慣ができていないと感じられる子どもであれば、まずは、「家庭学習は毎日やるもの」ということを覚えさせなければなりません。家庭学習をすること自体が生活習慣の一部となるようにするのです。

秋田県ではもう何十年も家庭学習の習慣がありますから、子どもたちのなかに「家庭学習は毎日しなければならない」という意識があります。

これを家庭だけの力で行なうことはなかなか難しいことですが、まずは1日のなかの決まった時間に家庭学習の時間を設定し、その時間は必ず勉強するという習慣をつけることから始めましょう。

学習時間のめやすとしては、よく「学年×10分」といわれます。私も学習習慣の定着していない子どもにはこの時間をめやすとして、まずは毎日続けることをおすすめします。

とくに低学年の場合は、時間を長くしても集中して学習することができません。短い時間でも集中して学習することを大切にしましょう。

≡ 最終的には自分の部屋で学習する

「勉強する場所は自分の部屋よりもリビングがよい」といわれることがあります。私も学習習慣が定着するまでのあいだは、親の目の届く範囲で勉強させるのがよいと思います。

リビングで勉強する際に注意することは集中して学習できる環境を整えるということです。たとえば机の上におやつがのっていたり、新聞やチラシがちらかっていたりするとそれに気を取られて集中して学習することができません。

先述しましたが、リビングで学習するときは親もいっしょに本を読んだり、新聞を読んだりして集中して学習ができるように協力しましょう。テレビがつけっぱなしなど、もってのほかです。もちろんいっしょに教科書やノートをみて、いっしょに勉強するのもよい方法です。

ただし、小学校高学年になったら、最終的に自分の部屋で学習できるようにすることが理想です。勉強は人にいわれてやるのではなく、自主的にするものだからです。

ただ、低学年だからリビングで、高学年だから自分の部屋で、とはっきりと線引きできるものではありません。あくまでも自主的に学習できるようになってきたら、徐々に自分の部屋で勉強するという考え方でよいと思います。

⑧学校と協力して子どもを育てる

≡ 学校を敵対視する親がいる

長く教師をやってきて残念に思うことがあります。それは学校を敵対視してしまう親がいるということです。

これは本当に「百害あって一利なし」です。4月になると学級担任が発表されますが、保護者のあいだで話題になるのが「先生のアタリハズレ」です。「去年はアタリだったけど今年はハズレ」などと担任する前から決めてかかってしまうことです。

実際、教師によって能力の差があることは事実です。しかし昔に比べて教師の質も平均化し、学級担任だけでなく学年、学校の教師みんなで子どもを見ようという意識が生まれています。

この先生をハズレと決めてかかる意識があると、学校と協力して子どもを育てようという気持ちがなくなってしまいます。

とくに小学校では学級担任と過ごす時間が1日の大半を占めますので、批判的に学級担任を見るのではなく、協力して子育てに当たるほうが子どもたちのためになるのです。

なかでももっともよくないことは、子どもの前で学級担任の批判をすることです。実はこれは残念ながらよくあることなのですが、そのような行為によって子どもたちが学級担任を信頼しなくなってしまいます。ですから、**学級担任についての批判やうわさ話は子どもたちの前で絶対にしない**ことです。

逆に、学級担任のことをほめることで、子どもが担任を信頼し学習に意欲を持つようになることもあります。

では、もし学級担任に問題があるときはどうすればいいのでしょうか。

そのときは、まず担任と話し合いをして、改善を求めます。たったこれだけで、改善されることも多いのです。それでもよくならない場合は、学年主任や教頭先生に相談する方法もあります。

もっとも大切なことは、学級担任の批判は子どもの前ではいわないことです。それは親の胸のうちに収めて、子どもが担任を信頼できるようにすることが大切なのです。

一歩進んで学校や学級担任を味方につけるのは、さらに賢い親の対処法です。教師はみな、子どもたちをよい方向に育てたいと願っているものです。それに対してネガティブな態度をとるよりも、教師がやりやすいように協力的な態度をとったほうがいいに決まっています。教師も人間ですからね。

そうすることは最終的には子どもたちのためになるのです。

≡ 学校の学習に集中させる

家庭での学習の効率をアップするための方法としておすすめなのが、学校での学習を家庭でフォローするということです。

これは、学校の勉強の復習をするということだけではありません。

みなさんは、子どもが今学校でどのようなことを学習しているか把握しているでしょうか？

もしよくわからないという方がいれば、ぜひ把握してほしいと思います。学校での学習内容は学年通信などの形でお知らせされていますので、必ず目を通すようにしましょう。

さらに子どもの学習の様子を知るためには、子どもの教科書とノートを見るのが一番です。ノートを見ると、子どもがどのように学習しているか、どこでつまずいているかがよくわかります。

主要教科（国語・算数・理科・社会）以外の教科の内容も、きちんと把握しておくこともおすすめです。

たとえば、体育でマット運動をしていたら、うまくできているかどうか聞いてみてください。もし、苦戦しているようなら自宅の布団で練習させてあげるといいでしょう。音楽でリコーダーを習っているとしたら、どのくらい吹けるか聞いてあげるのもよいと思います。

子どもたちは自信が持てると、学習への取り組み方がよい方向へ変化するものです。できるだけ子どもの学習を家庭でフォローしてあげて、自信を持って授業に取り組めるようにしてあげたいものです。

⑨自立した大人に育てることが究極の目標

≡ 加熱する部活動の様子

子育ての究極の目標は自立した立派な大人に育てることです。学力を向上させるのも、生涯にわたって学びつづける意欲と力をつけるためにほかなりません。だからこそ、子育てで重要なことの一つは20年先を見越した言葉かけや接し方をすることです。

私は、教師になってから5年間水泳部を受け持ちました。自分でも厳しい指導者だったと自覚しています。

部活動の目標の一つは勝利を得ることです。勝つことで達成感を得られ、自信につながるからです。しかしそれにとらわれすぎると、子どもたちへの対応が近視眼的になってしまうこともあるのです。

私の受け持った水泳部は、5年間かけて秋田県大会、団体総合優勝にたどり着きました。その分練習もかなり厳しいものになりました。

秋田ではまだ寒い5月からプールで練習を始めました。寒いので25メートルや50メートルを一本泳いだらストーブに当たり、また泳ぐという感じです。

1日の練習量も何千メートルにもなりました。

優勝した年は秋田県内でもトップクラスの選手が数名いたので、はじめから全県優勝が目標でした。

ただそれを目標にすると、子どもたちの心身の健全な育成という視点よりも、どうしたら勝てるかということにとらわれてしまいます。

たとえば天気が悪くて気温が低い日でも「休んだら勝てないかもしれない」という意識があり、ついつい無理をしてしまいます。

日々の練習でも子どもたちががんばっていてもほめることを忘れ、つい厳しい言葉をかけてしまうこともありました。

結果的にこの年は優勝することができ、部員みんなにとってよい思い出になりました。

しかし、もし私があのとき、優勝することと同じように「将来にわたって水泳を好きになること」や「心身の健康を育むこと」にもっと重点を置いていたら、言葉かけや接し方は変わっていたと思います。


親も人間です。そのときの感情に流されて子どもたちに接してしまうことがあります。しかし大事なのは子どもたちが自立した大人に成長することなのです。

親はこのことを常に心のなかに置いておかなければならないのです。

夢を育むということの意味

自立した大人になるということを考えたときに大切なことは子どもたちの夢を育《はぐく》むということです。

夢を育むというと、子どもたちの思っていることをすべて受け入れるように受け取る方もいるかもしれません。

私が小学校6年生を担任しているときのこと。文集の将来の夢に「イチローみたいなメジャーリーガーになること」と書いた子どもがいました。しかし、この子どもは野球部にも入っていません。「イチローのようになるために練習とかしているの？」と聞いてみると、「とくに何もしていない」との返事。中学校になっても野球部に入る予定もないということでした。これでは、もはや夢とはいえません。

この時期の子どもたちは、自分の現実とは離れたところに夢を持ちがちです。しかし、小学校から中学校へ進学していく頃には、少し現実味のある夢、夢に向かって努力する態度を育てたいものです。

夢を育むに当たって重要な存在になるのが父親です。近年、父親の威厳が低下したという話をよく聞きます。仕事が忙しくなかなか子どもと話をする暇もないという父親も多いと思います。

ですが、子どもが将来について考えるとき、身近なお手本になるのがやはり父親だと思うのです。父親が自分の仕事について語ったり、子どもの夢を聞いてあげたりするのは本当に大切なことです。そんな時間を定期的に取ることも、子どもの夢を育むのにかけがえのないことなのです。

秋田県の教育はここがスゴイ!!

①小学校では国語・算数が日本一

≡ 秋田県の学力は最低レベルだった

第2章では、この本のテーマでもある秋田県の学力の高さや秋田県の教育の良さについて書いていきたいと思います。

文部科学省が2007年から実施している全国学力テストは小学6年生と中学3年生を対象に行なわれています。2014年のテストでは対象校を抽出するのではなく、全校を対象に調査が行なわれました。

テストの内容は小学校が国語と算数、中学校が国語と数学で、それぞれ知識力を問うA問題と知識活用力を問うB問題に分かれています。

このテストで、秋田県は7年連続第1位になりました。

以下の表は、小・中学校の上位５県の成績です。

この全国学力テストは「全国中学校一斉学力調査」として１９６０年代にも行なわれていました。しかし、学校や地域間の競争が過熱したことにより、１９６４年に廃止されましたが、近年、学力低下が問題視され、文部科学省が２００７年に43年ぶりに復活させたのです。実は、１９６０年代に行なわれていた「全国中学校一斉学力調査」での秋田県の学力は「全国最低レベル」だったそうです。

そのため、秋田県では学力を向上す

全国学力テスト　各科目の平均正答率上位（%）

	国語A	国語B	算数A	算数B
小学校	秋田　77.4	秋田　67.3	秋田　85.1	秋田　66.2
	鳥取　77.0	石川　62.7	福井　83.1	福井　64.1
	茨城　76.9	福井　61.8	石川　82.5	石川　63.6
	青森　76.6	青森　60.5	青森　81.3	富山　62.0
	広島　75.9	富山　59.5	富山　81.0	東京　61.2

	国語A	国語B	数学A	数学B
中学校	秋田　84.4	福井　55.9	福井　74.3	福井　66.9
	福井　83.0	秋田　55.8	秋田　73.0	秋田　65.5
	富山　82.3	富山　55.1	富山　71.1	静岡　63.7
	石川　81.9	群馬　54.2	石川　70.9	富山　63.6
	群馬　81.1	石川　53.7	静岡　70.9	石川　63.4

べくさまざまな施策を行なったのですが、そのうちの一つが「学習状況調査」というテストの実施です。この学習状況調査は秋田県が２００２年から県独自で始めたもので、学習指導要領の定着度や少人数学習の成果や課題の把握、そして学習指導の工夫改善のための情報収集を目的としたものです。

小学校４年生から中学校２年生まで全員に実施し、その結果を一人ひとりの指導に活かそうとしたのです。

このテストは実施してすぐに教師が採点します。教師が採点することで児童・生徒の理解度やつまずきやすいところがわかり、指導に活かすことができるという理由です。全国学力テストが復活した今も学習状況調査は行なわれています。

秋田県の子どもの特徴

秋田県の学力向上の施策については、この後にも書いていきますが、私は秋田県の学力の高さの要因の一つは子どもたちの気質にあると考えています。

秋田県の子どもたちの特徴を簡単に書くと、素直で真面目な子どもが多いということです。秋田県では授業に「学び合い（子ども同士が考えを出し合う）」を取り入れることが多いのですが、このような授業が成立するのも、子どもたちの素直な性格が影響していると思います。

もちろん家庭学習などの課題にも真面目に取り組みます。自分のやるべきことを毎日続けてできる、という子どもたちの粘り強さが学力を支えているといえるでしょう。

②全国体力テストも体位もトップレベル

≡ 全国体力テストの結果も上位

秋田県の子どもたちのすごさは、学力テストだけではありません。体力テストでも全国上位に入っていることです。

次の表は小学校5年生と中学校2年生の体力テストの結果です。

握力、上体起こし、長座体前屈、反復横とび、20メートルシャトルラン、50メートル走、立ち幅とび、ソフトボール投げの8種目について測定されます。

この調査で、秋田県の子どもは小学五年生で男子が4位、女子が3位、中学2年生で男子が4位、女子が8位という全国トップレベルの成績でした。

全国1位とはいきませんが、男女ともに全国1桁台ということは、文句なく文武両道ができているといえるでしょう。

体力テストでは、学力テスト上位の福井県がトップとなっていることも見逃せません。細かい調査はされていませんが、**「学力が高い」ことと「体力が高い」ことには何らかの因果関係**があるのかもしれません。

この体力テストにも、実は秋田県の子どもの真面目さが反映されていると私は思っています。

たとえば体力テストの50メートル走をするとき、「60メートル走るつもりで駆け抜けろ！」と声をかけます。

2013年度全国体力テストの結果上位5県（公立）

	小学5年生		中学2年生	
	男子	女子	男子	女子
1位	福井　57.7	福井　59.4	茨城　45.7	茨城　53.0
2位	新潟　56.5	茨城　58.6	福井　45.6	福井　52.9
3位	茨城　56.4	秋田　58.5	新潟　45.2	千葉　52.2
4位	秋田　56.2	新潟　58.0	秋田　45.1	埼玉　52.1
5位	石川　55.9	埼玉　57.3	千葉　44.6	新潟　51.1
全国平均	53.9	54.7	41.9	48.4

そうすると、どの子も最後まで力を抜かずに駆け抜けるのです。

体力テストなどの測定値は、コンマ何秒の差になりますから「最後まであきらめない」という気持ちも記録に反映されていると思うのです。

2013年度全国体力テストの結果（公立）

	小5男子	小5女子	中2男子	中2女子
1	福井	福井	茨城	茨城
2	新潟	茨城	福井	福井
3	茨城	秋田	新潟	千葉
4	秋田	新潟	秋田	埼玉
5	石川	埼玉	千葉	新潟
6	埼玉	千葉	石川	石川
7	千葉	広島	埼玉	静岡
8	広島	石川	岩手	秋田
9	島根	富山	宮崎	岩手
10	岡山	鳥取	広島	広島
11	富山	島根	滋賀	岡山
12	大分	静岡	岡山	宮崎
13	宮崎	宮崎	岐阜	群馬
14	鳥取	岩手	静岡	岐阜
15	静岡	青森	富山	栃木
16	熊本	山形	佐賀	長崎
17	長崎	熊本※	青森	富山
18	東京	和歌山	山形	鳥取
19	長野	岡山	宮城	熊本
20	岩手	栃木	鳥取	滋賀
21	和歌山	長崎	大分	佐賀
22	奈良	愛媛	京都	山形
23	岐阜	大分	香川	山口
24	佐賀	岐阜	群馬	香川
25	青森	東京	長野	愛媛
26	香川※	山口	沖縄	青森
27	滋賀	香川	栃木	京都
28	京都	高知	島根※	愛知
29	愛媛※	福島	熊本	宮城
30	山形	長野	長崎	三重
31	福岡	山梨	山梨	島根※
32	栃木	宮城	愛媛	徳島
33	山口	奈良	徳島	山梨
34	兵庫	徳島※	福島	福島
35	高知※	鹿児島	山口	鹿児島
36	宮城	京都	三重	兵庫
37	鹿児島	三重	愛知	沖縄
38	三重	滋賀	福岡	和歌山
39	沖縄	福岡	高知	長野
40	山梨	沖縄	奈良	奈良
41	神奈川	佐賀	鹿児島	大分
42	徳島	群馬	兵庫	福岡
43	大阪	愛知	和歌山	大阪
44	愛知	兵庫	神奈川	東京
45	福島	大阪	大阪	高知
46	群馬	神奈川	北海道	神奈川
47	北海道	北海道	東京	北海道

※はその上と同じ順位

≡ 秋田県は身長も日本一

平成25年度の学校保険統計調査によると、12歳児の身長が男女とも秋田県が第1位になっています。

ここでわかるのは、学力、体力が高いだけでなく体位も立派であるということです。体位が立派なことが学力や体力にどう影響するかについても解明されていませんが、少なくとも秋田県では子どもたちが心身共に健康に成長している、ということはいえるのではないでしょうか。

12歳児　男子身長（cm）

	県名	平均値
1	秋田	154.3
2	青森	153.6
3	北海道	153.4
4	宮城	153.2
4	山形	153.2
4	石川	153.2
7	福島	153.1
7	富山	153.1
9	千葉	152.9
10	岩手	152.8
11	新潟	152.7
12	群馬	152.6
12	熊本	152.6
14	栃木	152.5
14	東京	152.5
16	埼玉	152.4
16	神奈川	152.4
16	奈良	152.4
16	鹿児島	152.4
	全国	152.3
20	茨城	152.3
20	福井	152.3
20	岐阜	152.3
23	京都	152.2
23	鳥取	152.2
23	大分	152.2
26	山梨	152.1
26	滋賀	152.1
26	大阪	152.1
26	広島	152.1
26	徳島	152.1
31	愛知	152.0
31	和歌山	152.0
33	長野	151.9
33	兵庫	151.9
33	香川	151.9
33	宮崎	151.9
37	三重	151.8
37	長崎	151.8
37	沖縄	151.8
40	高知	151.7
40	福岡	151.7
40	佐賀	151.7
43	静岡	151.6
43	岡山	151.6
43	愛媛	151.6
46	島根	151.3
47	山口	150.7

※平成25年学校保健統計調査（参照）

12歳児　女子身長（cm）

	県名	平均値
1	秋田	153.4
2	青森	152.7
2	新潟	152.7
4	山形	152.6
4	富山	152.6
6	石川	152.5
7	北海道	152.4
8	宮城	152.2
9	福島	152.1
9	千葉	152.1
9	奈良	152.1
9	熊本	152.1
13	岩手	152.0
13	東京	152.0
13	高知	152.0
16	埼玉	151.9
16	神奈川	151.9
16	山梨	151.9
16	京都	151.9
	全国	151.8
20	長野	151.8
20	愛知	151.8
20	兵庫	151.8
20	鳥取	151.8
20	長崎	151.8
25	茨城	151.7
25	静岡	151.7
25	滋賀	151.7
25	大阪	151.7
25	岡山	151.7
30	栃木	151.6
30	福井	151.6
30	和歌山	151.6
30	香川	151.6
30	佐賀	151.6
30	大分	151.6
36	徳島	151.4
36	岐阜	151.4
36	広島	151.4
36	福岡	151.4
36	鹿児島	151.4
41	三重	151.3
42	群馬	151.2
42	愛媛	151.2
44	沖縄	151.1
45	島根	151.0
46	宮崎	151.0
47	山口	150.7

③小・中学生の不登校率は、もっとも低い

≡ 学校の対策として行なっていること

2014年1月5日の河北新報に次の記事が掲載されました。

「学力の高さや指導工夫要因？　秋田県、不登校全国最少」

河北新報２０１４年１月5日（日）

秋田県の不登校の小中学生は２０１２年度、全国最少の１０００人当たり７・７人だったことが、文部科学省の問題行動調査でわかった。

調査によると、不登校の小学生は前年比39人減の82人、中学生は43人減の５１５人。１０００人当たりの不登校児童数は１・７人、不登校生徒数は18・３人で、ともに全国で最も少なかった。

秋田市旭北小（児童３１３人）の伊藤栄二校長は、不登校が少ない要因として、教員の指導方法の変化を挙げる。

以前は夜更かしをして遅刻がちな児童がいた場合、単に遅刻はよくないと指導していた。だが、今は児童の家庭環境などを踏まえ、あえて容認するケースもあるという。

伊藤校長は「子どもの家庭環境はさまざまで、一人一人の事情を把握することが大事。環境によって心が不安定になる子どももいる。頭ごなしの指導は逆効果で、不登校につながってしまう」と指摘する。

昨年の全国学力テストで、秋田県は小中学校の6科目で全国1位。学力の高さが不登校の少なさの背景にあるとの見方もある。

秋田大の阿部昇教授（国語科教育学）は「授業がよく理解できれば、学校が楽しくなる。教員は子どものやる気を引き出していて、授業に活気がある。家庭にトラブルがあっても、学校には来たいという気持ちにさせることができる」と言う。

秋田県では、子どもたちで話し合って課題を解決し、発表する参加型授業を多く取り入れている。県教委義務教育課は「自分の考えを表現する場を作ることで、児童の自信を育て、さらに不登校を減らしたい」と話す。


この記事によると、秋田県の小・中学生の不登校が全国で一番少なかったことがわかりました。

私は長年、生徒指導主事として不登校の子どもたちの早期発見、改善につとめてきました。そのなかで行なっていた対策は次のようなものです。

まずは、年数回の無記名アンケートの実施です。「いじめにつながるような状況を見たことはないか?」「学校生活で何か困っていることはないか」などの設問で実施します。このようなネガティブな内容のアンケートは、無記名にしたほうがさまざまな情報が得られるのです。

次に、個人面談です。学級担任と子どもたちの面談です。面談ではふだんの生活の様子などをそれとなく聞いていきます。子どもたちの様子を見ていると、ときどき変化の兆《きざ》しを感じるときがありますので、そのようなときは面談後も注意深く観察するようにします。

最後に、教師同士の情報交換です。子どもたちは学級担任に見えないところでいつもと違った行動をしていたり、シグナルを発していたりすることがあります。そういうときは、教師一人ひとりができるだけ学年、学校の子どもたちを把握し、変化に気づいたら学級担任に連絡するようにするのです。

このようなことに常に気をつけていると、いじめや不登校などの問題行動をいち早く発見することができるのです。

三 学力の高さと不登校の少なさとの関連

前出の新聞記事のなかには秋田大学の阿部教授の「授業がよく理解できれば、学校が楽しくなる。教員は子どものやる気を引き出していて、授業に活気がある。家庭にトラブルがあっても、学校には来たいという気持ちにさせることができる」という話が掲載されていました。

たしかに、子どもたちは学校で、1日に数時間の授業を受けることになります。ですから、学校の授業がよくわかって勉強が楽しければ「学校に行きたくない」という気持ちが起きにくいというのは十分に考えられることです。

加えて私が考えるのは、「学力向上への手だてと不登校対策は似ている」ということです。どちらも一人ひとりをよく観察し、それぞれに応じた指導を行なうからです。個別に学習を教えているときに子どもたちの変化に気づくということもよくあることです。

また、秋田県の保護者は、家庭学習に協力するなど、総じて子育てへの関心が高いことも理由の一つです。学校だけでは気づくことができない子どもたちの変化について、すぐに学校に教えてくれる関係ができています。

このように**学校と家庭の風通しをよくすることも、子どもたちの健全な成長には必要**なことなのです。

④教師も子どもも真面目にがんばる

ここでは、学力アップのために秋田県で行なっている施策を三つに絞って紹介していきましょう。

≡ 秋田県で行なっている施策

①少人数学習推進事業の実施

まずは、少人数学習への取り組みです。今では、全国に見られるようになった少人数学習ですが、秋田県は他県に先駆けて実施していました。少人数学習は、子どもの個性を活かし、子どもの多様性に応える教育活動を展開することを目的としています。

秋田県の「少人数学習推進事業」の基本構想は大きく二つあります。

一つは学級の規模を小さくする「少人数学級」です。もう一つは、20人程度の学習集団による「少人数授業」になります。少人数学級は、小学校1、2年生と中学校1年生で実施しています。

小学校に入学したばかりの1年生が、集団行動がとれない、授業中に座っていられない、先生の話を聞かない、などと学校生活に適応できない状態が続くことがあります。このことが近年、「小一プロブレム」と呼ばれて問題視されていますが、少人数学級であれば、小一プロブレムを未然に防げるような手厚い指導が可能になるのです。

それ以外の学年は少人数学級化が難しいので、国語、算数などを中心に教師の加配ができるようにしています。

②個に応じたティーム・ティーチングの導入

ティーム・ティーチングとは、一つの学級に対し、2名以上の教師で指導することで、個に応じたていねいな指導を行なうことです。このティーム・ティーチングには、きめ細やかな指導という意味だけでなく、教員同士が教え方を学び合うメリットもあります。

ティーム・ティーチングでは、授業内容によって、クラスの子どもに対しておもに授業を進める教師と補助に回る教師に分かれて指導する場合と、クラスを二つに割って少人数で教える場合もあります。

たとえば文章問題などの理解をする時間にはT1の教師が授業を進行し、T2の教師がつまずいている子どもや理解をできずにいる子どもの支援をします。逆に計算問題のような習熟の時間には、たとえば30人のクラスを15人ずつに分けて徹底して計算練習をするということもあるのです。

③授業の成立を第一に考える

秋田県では、授業をきちんと成立させるため「学習規律」「学習ルール」を設けています。秋田県には素直な子どもが多いですが、それでも学習のルールは徹底させなければいけません。これを徹底させることでクラスの子ども全員が学習に集中できるようになります。

秋田県で積極的に取り組んでいる、授業中の学び合いも子どもたちが意欲的に活動に取り組んでいなければ、成立しにくい授業形態です。

とくに国語の授業では、教師が一方的に話すのではなく子ども同士で意見交換をして、自分の考えを発表する機会を意識的に設けています。

このような学び合いが成立するのも秋田県ならではといえるでしょう。

またチャイムがなる前に着席すること、学習用具を準備して授業に備えること、始業のチャイムが鳴ったら教科書を読んで待っていること、などの基本的なルールも学校全体で取り組んでいます。

≡ 秋田県の小学校の1日

ここで、秋田県の普通の小学校の1日を紹介しましょう。

朝は、県内でばらつきはありますが8時10分頃までに登校します。そしてすぐに家庭学習ノートを提出。家庭学習ノートは自分できちんと丸付けをして、勉強した部分を開いて提出することになっています。

8時20分からの20分間程度は、朝読書や繰り返しドリルの練習などを実施しています。このほかにも週1回ずつ漢字と計算のミニテストを行なっている学校が多いです。

そして、1・2時間目の授業を終えて業間（2時間目と3時間目のあいだ）の時間には、週に数回、3分間走などの業間運動を行なっている学校が多いです。業間の休み時間に音楽がなり、その時間は自分のペースでグラウンドを走るというものです。

この時間には学級担任もグラウンドに出て、子どもたちといっしょに走っています。

毎日の家庭学習ノートは、その日のうちにチェックをして子どもたちに返します。先生たちは給食を食べた後や昼休みに急いで全員分のノートを見て、ノートにコメントを書きます。

もちろん、この間に授業もありますから先生たちは子どもたちがいるあいだ、ほとんど休む暇がありません。

このような先生たちの頑張りによって、秋田県の教育が支えられているのです。

⑤学力アップは、基本的な生活習慣から

≡ 家庭教育の基礎「学びの十か条」

秋田県には秋田わか杉っ子「学びの十か条」というものがあります。

これは、学校教育だけではなく家庭教育を重視していこうという県の考えで、平成20年に作成されたものです。家庭での規則正しい生活が子どもたちの心身の健康や学力を下支えしているとの考えからです。

こちらが家庭教育の基礎「学びの十か条」です。

秋田わか杉っ子　学びの十か条

一	早ね早おき朝ごはんに家庭学習	規則正しい生活がスタートライン
二	学校の話題ではずむ一家団らん	笑いが脳を活性化
三	読書で拓く心と世界	めくるページ、広がる想像力
四	話して書いて伝え合う国語	国語力は学びの基本
五	難問・難題にも挑戦する算数・数学	あきらめずやりきることで能力アップ
六	新発見の連続、広がる総合	総合の時間は脳のビタミン
七	きまり、ルールは守ってあたりまえ	落ち着いた教室で高まる集中力
八	いつも気をつけている言葉づかい	相手意識でみがく活用力
九	説明は筋道立てて伝わるように	整理する工夫が脳のトレーニング
十	学んだことは生活で学校ですぐ活用	活用できて本当の生きる力

ここにあげられている十か条は子どもたちの生活習慣や学習習慣調査の回答から、秋田県の子どものよい点を抽出した結果です。したがって、全体的に秋田県の家庭でできてい

るものが掲げられているということです。

一つ一つの項目を見ると、当たり前のことのように思えますが、近年、家庭生活は多様化して学びの十か条を実践しようと思ったら、かなりの努力が必要でしょう。

しかし、どれも子どもたちの生活に大切なことをシンプルにまとめているので、ぜひご家庭での子どもたちの生活習慣の定着に活用してほしいと思います。

☰ 学校での生活をベストコンディションで

家庭での子どもたちの生活を整えるうえで大切にしてほしいことは、「学校での授業にベストコンディションでのぞませる」ということです。

学校での生活は朝8時から午後3時頃までです。この時間を体調よく、集中して学習できるようにしてほしいのです。

ですから、とくに気をつけてほしいのは、秋田わか杉っ子「学びの十か条」の一つ目にも掲げられている「早寝、早起き、朝ご飯」です。

子どもたちが健やかに成長していくためには、適切な運動、きちんとした食事、十分な休養や睡眠が大切です。

しかし、家庭生活の多様化によって、「早寝、早起き、朝ご飯」という成長期の子どもにとって当たり前の基本的な生活習慣が乱れがちになっています。

こうした基本的な生活習慣が乱れることによって、学習意欲や体力、気力の低下が心配されています。授業中に眠かったり、お腹が空いていたりしたら、集中して学習することができません。

子どもたちのコンディションをベストに保つために、**家庭では生活の基本となる、運動・食事・睡眠をしっかり確保すること**に注力してほしいと思います。

≡ 身の回りの整理整頓をしよう

私がたくさんの子どもたちに接してきて感じたことは、「身の回りを整理整頓できていない子どもは学習に集中できないことが多い」ということです。

子どもたちの勉強机を見てみてください。きちんと整理整頓できているでしょうか。

机の上に必要のないものが上がっていると、それをいじってしまったり、気が散ったりして学習に集中できません。

学校の生活でも同じです。授業に集中できていない子どもの机のまわりは、散らかっていることが多いです。お道具袋のなかがぐちゃぐちゃだったり、机のなかが乱雑だったりします。

ですから、子どもの部屋や机の上が片づいていない場合は、すぐに自分で片づけさせるようにします。親が片づけていては、いつもでたっても整理整頓の習慣はつきません。

片づけの基本は、「しまう場所を決める」「使ったら戻す」「いらないものは捨てる」ということです。根気強く言葉かけしながら自分で片づけられるようにすることが大切です。

⑥学習習慣・体力は継続することで定着する

≡ 家庭学習を毎日継続する

秋田県の家庭学習といえば、家庭学習ノートが有名ですが、家庭学習ノートの使い方はきまりがあるわけではなく、各学校で工夫して活用しています。

その一例を紹介しましょう。

「全国学力・学習状況調査」（全国学力テスト）で、秋田県の好結果は各教科の平均正答率だけではない。

家で授業を復習する子どもの割合も毎回高く、２０１３年度は小学6年生で89％（全国平均51・４％）、中学3年生で82・５％（同48・６％）にのぼる。

背景にあるのが、家庭学習用のノートの普及だ。

県南東部、横手市立旭小学校で5月下旬、丹尾豊美教諭（42）が担任する3年生の帰りの会で、「家で工夫して書いたお友だちがいます」とB５判のノートを掲げた。開くと、丁寧な字で算数の問題や式、解答が書き込まれていた。「小テストで苦手だったところの復習です。参考にしてください」と呼びかけた。

家庭学習用のノートは、県内の小中学校の一部で40～50年前に使われ始め、全県に広がった。ノートの呼び名は様々だが、学習内容が指定される宿題とは別に、児童生徒が自ら勉強内容を決め、毎日1～2ページを埋めることで共通している。担任らが朝受け取り、その日のうちにコメントを書き込んで返却する。

同小では、2年生後半～3年生頃からノートを使う。上手なノートのコピーを教室に貼り出すなどして、子どもたちのやる気を引き出す。

同小5年の大友豪大君（10）は毎日夕食後、自宅のダイニングテーブルでノートを広げ、漢字と計算の練習問題をしている。漢字の横には読み仮名を書き、読みと形をいっしょに覚えるよう工夫。計算問題は解いた後、自分で答え合わせをする。

「全部丸だとうれしい。漢字は苦手だったけど、ノートで練習したらテストで100点が取れるようになった」と大友君。今では「ノートをしないと落ち着かない」。母の真由子さん（43）は「夏休みもお正月もノートに向かうことになっている。家庭学習の習慣がしみこんでいる」と喜ぶ。

同市に隣接する大仙市の市立協和中学校では、ノートの提出先を、曜日によって担任、部活動の顧問、校長・教頭らに替え、全教員で全生徒を指導する。藤本竜伸《りゅうしん》校長（57）は「教員は自分のクラス以外の生徒にも声をかけやすくなるし、生徒もいろいろな視点からアドバイスをもらえる」と効果を感じている。（2014年7月3日　読売新聞より抜粋）

このように、家庭学習ノートの使い方にはきまりはありません。ただ一つのきまりは「毎日何があっても続ける」ということです。

≡ もっとも続けやすい時間に学習を位置づける

では、家庭学習を毎日続けるためにはどのようにすればいいでしょうか。

まず大切なことは、「もっとも続けやすい時間に学習を位置づける」ということです。よく「学校から帰ったらすぐに勉強してそれから遊びに行くとよい」といわれることがあります。

しかし、家庭の事情で放課後、親が家にいない場合は、先に遊んで親が帰ってから学習してもよいのです。もちろん、一人でもしっかり勉強できればいいのですが、集中して勉強できない場合には親といっしょに勉強するほうがよいでしょう。

また、私が担任をしたなかには、毎朝、起きてすぐに勉強してから登校するという子どもがいました。

「早起きをして勉強をすると、集中して勉強ができる。学校に行っても頭がはっきりしている」と話していたのが印象的でした。

このように、**勉強する時間は家庭の事情や子どもの体調に合わせていつでもよい**と思います。大切なことはいかに毎日続けるかということなのです。

継続することで着実に力がつく

家庭学習のほかにも、私が継続することが大切だと感じることがあります。それは、子どもたちの運動についてです。

前にも書いているように、秋田県では業間の休み時間に3分間走などの運動を設定している学校が多いです。

私が体育主任をしているときのことです。

保健室の先生から、「うちの学校は肥満の子どもが多い」という結果を出されました。そこで体育部で話し合って決めたのが、週2回の業間休みの3分間走。「3分間走ったくらいで肥満は解消されるの？」という意見が出されましたが、一年間実施しました。すると、肥満の子どもが大きく減ったのです。

この結果から感じたことは、「3分間走れば痩《や》せる」ということではなく、3分間走ることでグラウンドに出る習慣がつき、それ以外の場面でも運動するようになったということです。

また、全国体力テストの結果、「握力の値が全国平均より低い」という学校がありました。そこでその学校では、児童玄関前に握力アップ用のボールを置いて、毎日何回か握るトレーニングをしたそうです。その結果、一年後の体力テストでは握力が大幅にアップしたのです。

これらの例からもわかるように子どもたちには、大人にはない成長力、吸収力があります。ぜひご家庭でも短時間でよいので、子どもたちの運動を継続してみてほしいと思います。

≡ 知識をつけるよりも、基礎学力を定着させることが大切

秋田県の家庭学習で大切にしていることの一つは基礎学力の定着です。ですから、週に何回かは、必ず繰り返しドリルの練習をしています。

また、ほとんどの小学校では、毎週、朝の時間に漢字と計算のミニテストを行なってい

ます。10分間でできる程度の簡単なものですが、それで満点を取れるように家庭学習で漢字、計算の練習をしてくるのです。これも続けていると年間30回以上のテストをすることになるので、テストを通して基礎的な漢字力、計算力をつけることができるのです。

現在は、情報化の時代になりました。自分の求める情報は、すぐに得られるようになったのです。いくら知識をつけても、すぐに新しい情報に上書きされてしまいます。

だからこそ、子どもたちには漢字や計算などの上書きできない基礎学力が大切です。基礎学力があれば、さらに難しい問題にチャレンジしたくなります。新しいことを調べてみたくもなります。

基礎学力を定着させることは生涯学んでいくための土台を築くということなのです。

⑦家庭・地域・学校の教育力が学力を押し上げる

≡ 秋田県内はどこでも家庭学習ノートを使っている

学級担任をしていて驚くことがあります。それは、秋田県内から転校してくる子どもは必ず家庭学習ノートを、転校してきた日にも提出するということです。おそらく前の学校の先生から、「家庭学習ノートは新しい学校でも提出しなさい」といわれているのだと思います。もちろん、学習のページ数、やり方などは違いますが、秋田県内のどこでも家庭学習が実施されているのは本当に素晴らしいことだと思います。

先述しましたが、秋田県は学力不振の問題を抱えていました。それを解消するための手だてをさまざま実施して今の状態があるわけですが、家庭学習もその一つでした。

それが今や全県的に浸透しているのです。

秋田県のように家庭学習が浸透し、子ども自身も「毎日やらなければならないもの」と認識していれば継続することは比較的簡単です。

しかし、まだ習慣ができていない場合は、家庭学習を継続させるための工夫をする必要があるのです。

きめ細かく子どもを観察し、支援する

一年生や他県から転校してきた子どもたちは、家庭学習の習慣ができていません。そんなときの家庭学習を継続させるコツを二つ紹介しましょう。

まず一つは、**親やおうちの人といっしょに勉強をする**ということです。私が3年生を担当していたとき、勉強が嫌いで家庭学習をまったくやりたがらない子どもがいました。

そこでおうちの方と相談して始めたのが、親が問題を書いてあげるということでした。家庭学習ではプリントと違い、問題が書いていません。それを書くのも勉強の一つですが、それがどうしても面倒だったようです。

まずは親が問題を書いてあげて、その問題を解くところから始めました。すると少しずつですが、問題に向かうようになりました。問題を解けるようになったら、少しずつ自分で問題を書かせるようにしました。それを繰り返しているうちに、自分で一定時間学習できるようになったのです。

ほかにも秋田県では子どもたちの家庭学習に音読を課していますが、音読を聞いてあげるのもよいことです。一人で練習するよりも読みがいがありますし、聞いてくれる相手が

部屋の片づけなどを子どもができたときには、ほめてあげることが大事

いると「上手に読もう」という意識が生まれるのです。

もう一つの継続するためのコツは、**家庭学習を通じて子どもをほめる**ことです。秋田県では学校の先生が毎日、子どもたちの家庭学習ノートにコメントを書いています。よくできていることをほめることで継続する意欲を持たせるのです。

ですから、家庭で実施する場合もノートを見たら励ましのコメントを入れてあげるとよいでしょう。家庭学習ノートを子どもたちのほめるツールにするのです。

毎日ノートにコメントを入れると、子どもたちの学習の様子を親も把握できるようになります。ときどきお父さんにもコメントを入れてもらうと、より励みになると思います。

学校と協力することで効果が倍増する

子どもたちの学習や生活を支えるうえで大切なのは学校や学級担任と協力をして子育てをすることです。

たとえば、これから家庭学習を始めようとするとき、なかなか家庭だけで定着させることが難しいことがあります。そんなときは、学級担任に協力してもらうことがよい方法です。

私がおすすめするのは、学校でやったノートをときどき先生にチェックして励ましてもらうことです。毎日提出したり、コメントしたりすることは忙しい先生たちには難しいかもしれません。

しかし週に一度くらいであれば、学習したものを見て励ましのコメントを入れるくらいは、喜んでやってくれると思います。学級担任というのは、子どもたちの頑張りを常に応援したいと思っているからです。

また、生活面でも気になることがあれば、遠慮せずに学級担任に相談することが大切です。長い学校生活のなかでは、「学校に行きたくない」といったり、いつもより元気がなかったりすることがあります。

そんなときは連絡帳や電話で学級担任に相談しましょう。学級担任としても変化の兆しを教えてもらうと、注意して観察したり気にとめて言葉かけをしたりすることができます。子どもたちの健全な成長は親も教師も願っていることです。

ぜひ学校を味方につけて子どもたちを育ててほしいと思います。

第3章

家庭学習で学習習慣と基礎学力を身につける

①家庭学習は基礎学力を培うのに最適

≡ 秋田県の家庭学習とは

第3章では、秋田県で行なわれている家庭学習を紹介していきたいと思います。

先述しているように秋田県の家庭学習は、全県をあげて行なっているものです。そのため、「同じようにできないのではないか」と考えられる方もいるでしょう。

しかし、秋田県で行なっていることは、「当たり前のことを確実に実行する」というシンプルなものですので、ポイントさえ押さえれば、どこの家庭でもできるものです。

平成25年度の学習状況調査の調査結果によると、秋田県の通塾率（学習塾に通っている割合）は、全国最低の22・9パーセントでした。1位の東京都59・4パーセントに比べるとその低さが際だっています。それでも学力1位をキープしているのは家庭学習がしっかりと各家庭に浸透しているからにほかなりません。

ここで秋田県の家庭学習のポイントを三つ紹介します。

■ 毎日続けて学習する
■ 自分で学習内容を決める
■ 基礎学力の定着に重点を置く

私は、教員時代にずっと家庭学習を指導してきましたが、この三点が家庭学習の習慣をつけ、学力をアップさせるためのポイントです。

これらのポイントについては、この後詳細に解説していきたいと思います。

三 家庭学習と宿題の違い

秋田県の家庭学習のポイントの一つは、「学習内容は自分で決める」ということです。

宿題というのは、学校から学習内容を指定されて出されます。教師には「ここを重点的に学習してほしい」「来週テストをやるから復習してほしい」という気持ちがありますから、宿題を出すのです。

しかし、この宿題と家庭学習の一番の違いは、子どもたちが「今、自分には何が必要か」を考えて学習するかどうかです。

宿題が自分で学習内容を決められないのに対し、家庭学習は自分で学習することを決めなくてはなりません。

「今日の授業でわからなかったことをやろう」とか、「毎週月曜日は、漢字練習をやろう」などと自分で学習内容を考える習慣がついてくるのです。

この**主体的に学習を決める姿勢が身につくということが、家庭学習のよいところ**です。子どもたちが生涯にわたって学びつづけるためには、自ら課題を見つけてそれについて勉強したり、調べたりしていくことが大切です。その意味でも、日々の家庭学習から学習内容を主体的に決めていくことが大切なのです。

読み・書き・計算の力がつくと勉強が楽しくなる

家庭学習では、基本的に学習内容を自分で決めますが、「読み、書き、計算」の練習はできるだけ毎日するように指導します。

「読み、書き、計算」はすべての学習の基礎になりますから、とくに低学年のうちは繰り返し練習させたいのです。

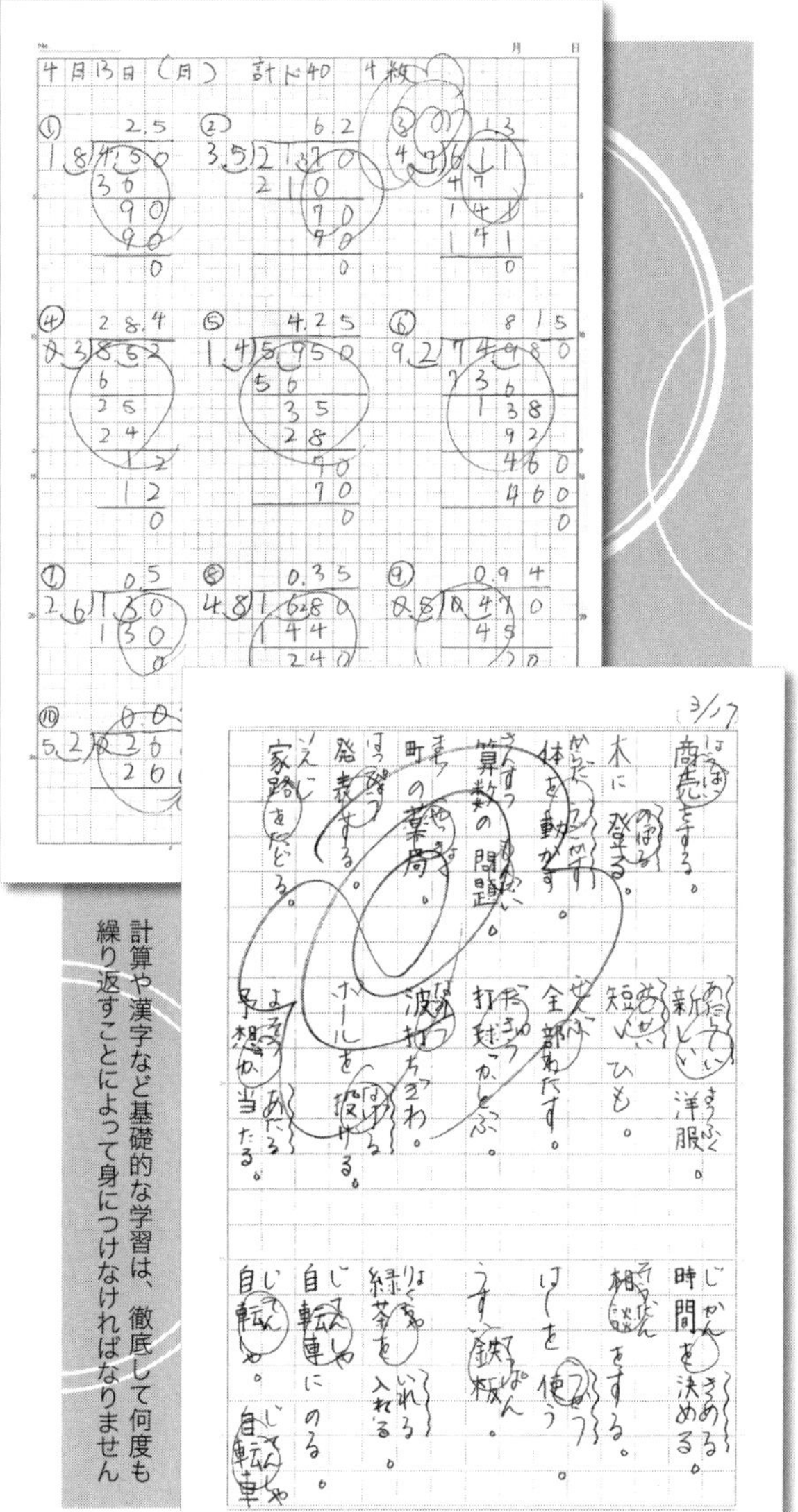

計算や漢字など基礎的な学習は、徹底して何度も繰り返すことによって身につけなければなりません

ピアノを習った経験がある方は多いと思いますが、ピアノの練習は単調なものです。最初はひっかかりながら弾《ひ》いていたものを何度も何度も練習を繰り返して、だんだんスムーズに弾けるようになります。スムーズに弾けるようになっても、それで終わりではありません。そこに情感をのせたり、表現を加えたりするのです。

これは、学習でも同じです。たとえば計算では、一回正解したからといって終わりではありません。できるだけスムーズに計算ができるようになるために繰り返し練習が必要なのです。

九九は小学校2年生で覚えます。これは、すらすらといえることを目指して練習します。9×6の答えが出てこなくて、9×1＝9、9×2＝18……から順番にいっていかなくては計算できない子どもがときどきいます。これでは、かけ算を使った計算を素早くすることができません。

これは、書くことや読むことについても同じです。基本となる部分は、徹底して繰り返して身につけなければいけないのです。

それには、毎日、家庭学習で漢字や計算などの基礎的な学習を継続することが近道になるのです。

②家庭学習をする時間と場所を工夫しよう

≡ 1日の予定表を作ってみよう

では、実際に家庭学習をスタートさせるための準備をしましょう。まず大切なことは、1日のどの時間に家庭学習をするかということです。

家庭学習を始めるうえで重要なのが、毎日続けられるようにすることです。そのために、1日のなかでどの時間だったら続けられるのかを考えて設定するようにします。

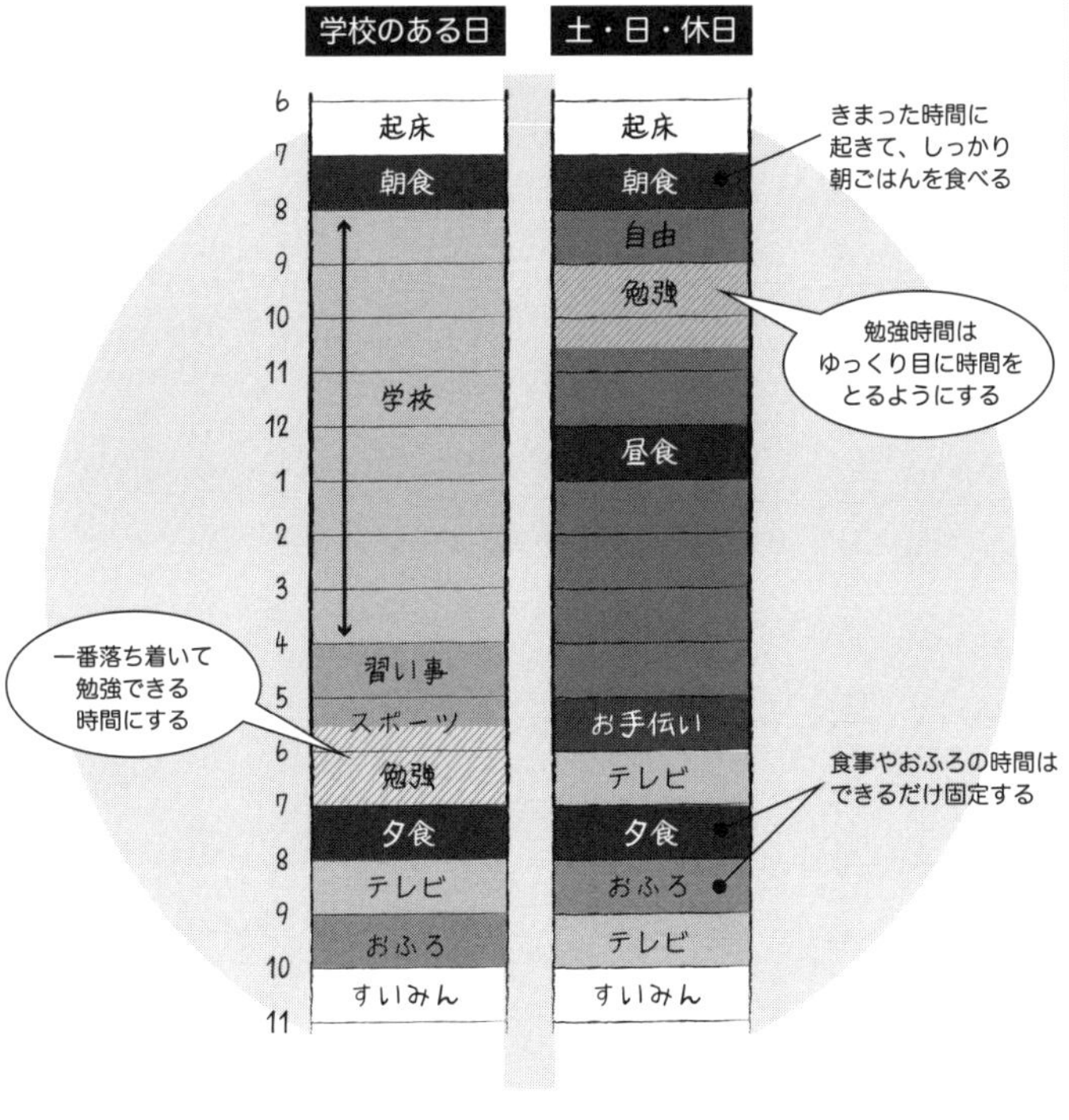

学習時間を設定するために、まずは子どもたちの1日のスケジュールを書きだしてみましょう。実際に紙にスケジュールを書きだしてみると、いつが忙しいのか、どの時間なら時間がとれるのかが見えてきます。

もう一つ大切なことは、学習習慣が身につくまではできるだけ家の人がいる時間に学習時間を設定することです。とくに低学年のうちは、一人で勉強することはとても難しいものです。

何もつきっきりで学習をさせる必要はありませんが、親が子どもの学習の様子を見ることができる時間を設定しましょう。

学習時間を決めたら、一週間くらい、その時間に学習をしてみます。時間を固定してみると、習いごとからの移動時間が少なかったり、友達と遊ぶ時間が減ったりと不都合なところが見えてくると思います。

不都合なことのなかから、「子どもががまんすべきところ」と「どうしても無理なところ」を見極めて微調整し、学習の時間を決定しましょう。

学習の時間はできるだけ毎日固定することをおすすめします。そのほうが「この時間は学習する時間」という習慣が身につきやすくなるからです。

一番勉強しやすい場所を見つける

学習の時間を固定できたら、今度はどこで勉強するかを決めます。

これも学習時間と同じく、固定したほうが学習習慣がつきやすくなります。

ときどき、ソファで勉強したり、ベッドで勉強したりという子どもを見聞きしますが、姿勢が崩れると集中力が散漫になったり、姿勢を保つのに疲れたりします。ですから、きちんとした勉強机かダイニングテーブルがある部屋で勉強することをおすすめします。

ダイニングテーブルで勉強するか、自分の部屋で勉強するかは子どもの年齢や学習習慣の定着具合によって変わってきます。もし、一人になると学習に時間がかかりすぎたり、学習の内容がお粗末になったりするようであれば、リビングなどの**親の目の届く範囲で学習するほう**がよいでしょう。

こちらもつきっきりで勉強する必要はありません。集中が切れたときに言葉かけをしたり、わからないことがあったときにアドバイスできるようにしていればよいのです。

三 家族で協力して学習の雰囲気を作る

学習する時間と場所が決まったら、学習の環境をきちんと整備するようにしましょう。まず、大切なのは、決まった「学習の時間」は家族で協力して学習の雰囲気を作るということです。

第1章でもふれていますが、兄弟が騒いでいたり、テレビがついていたりという雑然とした環境のなかでは、集中して学習ができません。ですから、学習の時間を家族みんなの読書タイムにしたり、家事をしたりする時間に設定してみてください。どうしても、その時間を静かに保つことができないようであれば、別の時間に学習を設定するほうがよいでしょう。それほど、**学習に集中できる雰囲気を作ること**は大切なのです。

ほかにも大切なことは、**学習する机を整理しておくこと**です。学習する場所がリビングでも自分の机でも、きちんと整理されていることが大切です。たとえばダイニングテーブルの上にチラシや雑誌などが置かれていては、気が散る材料になってしまいます。

また、学習用具もできるだけシンプルなものにしましょう。今はキャラクターがついていたり、奇抜なデザインがほどこされていたりするものが多いですが、これも子どもたちの集中力をそぐ材料になりかねませんので注意しましょう。

◎きちんと選んでほしい文具

- **鉛筆**……低学年はBや2Bなどのやわらかいもの
- **下敷き**……低学年は筆圧が弱いのでソフト下敷きを
- **消しゴム**…白のプラスチック消しゴム
- **定規**……筆算などで使いやすい短めのもの、下が透けて見える透明なもの

③読書の習慣をつけよう

≡ 親が本を読む姿を見せよう

では、ここからは家庭学習で重視したい「読み・書き・計算」について書いていきたい

と思います。

まずは、「読み」です。

「本をたくさん読む子どもは勉強ができる」というのは、昔からよくいわれることです。私の経験上、すべてあてはまるとはいいきれませんが、「本をたくさん読む子どもに勉強ができる子どもが多い」のは事実です。

では、なぜ本を読むと勉強ができるようになるのでしょうか。

それは、本を読むことによってつく力が、勉強ができるようになる力のベースになっているからです。具体的には、読解力や語彙《ごい》力、表現力はもちろん、集中力もついてきます。

秋田県では、朝の始業前などに多くの学校が、読書の時間を設定しています。時間は10分程度です。

はじめ、読書の習慣がついていない子どもは10分も読書に集中できません。まわりを見回したり、ため息をついたりしながら時間をやり過ごします。それでもまわりの子どもや教師が読書をしているのでだんだん本を読むようになってきます。入学したての一年生も1カ月もすると、みんな集中して本を読めるようになるのです。読書の雰囲気を作れば、子どもたちは読書をするようになるものです。

読書の習慣がついてくると、プリントが終わったときとか、給食の待ち時間などでもすぐに本を出して読むようになります。

もし、お子さんが「全然本を読まない」という状態であれば、**いっしょに本を読む時間を作るとよい**でしょう。本を読み聞かせてあげる必要はありません。親が本を読んでいる姿を見せることが大切なのです。

≡ 図鑑や歴史マンガを読むのもよい

子どもに読書習慣をつけたいと思っている親御さんは、物語文や伝記などを読ませたいと思っている方が多いでしょう。

でも、まったく読書習慣のついていない子どもたちにはまだ難しいかもしれません。そんなときは、図鑑などを与えるのもよいでしょう。昆虫や乗り物など、子どもたちの興味、関心のあるものからはいるのがおすすめです。

図鑑も難しいようであればマンガでもよいと思います。

小学校3年生を担任しているときに、どうしても読書に集中できない子どもがいました。そこで、当時の教頭先生にアドバイスされたのが、まずはマンガを読ませることでした。教頭先生に日本の歴史のマンガを貸していただき、その子に読ませたのです。

読書が苦手だった子どもも「マンガだったらおもしろい」ということで、何巻もあるマンガシリーズにはまっていったのです。その後は、このマンガが入口となって歴史に興味を持ち、友達から「歴史博士」と呼ばれるようになりました。

このように、入口はマンガでもよいのです。まずは文字に親しみ、本の世界に入り込むことです。そこで興味のある本に出会えば、一気に本を読むのが好きになるはずです。まずは、子どもたちが興味を持ちそうな本をいっしょに選びに行ってみては、いかがでしょうか。

読書記録をつけてさらに読む意欲を

読書の習慣がついてきたら、読書記録をつけてみるのがよいと思います。ノートなどに、読んだ本の題名と日付、簡単な感想を書く程度でけっこうです。

記録をつけることのよい点は、積み重ねを感じられることです。はじめは1週間に1冊だったものが、1週間に3～5冊程度読めるようになります。

下の写真にあるような読書紹介をノートに書くこともおすすめです。学校の授業のなかには、一年に一度は読書の単元があります。そのときに合わせて、自分の好きな本の読書紹介を書いてみるのです。

学級担任をしていると、子どもたちが

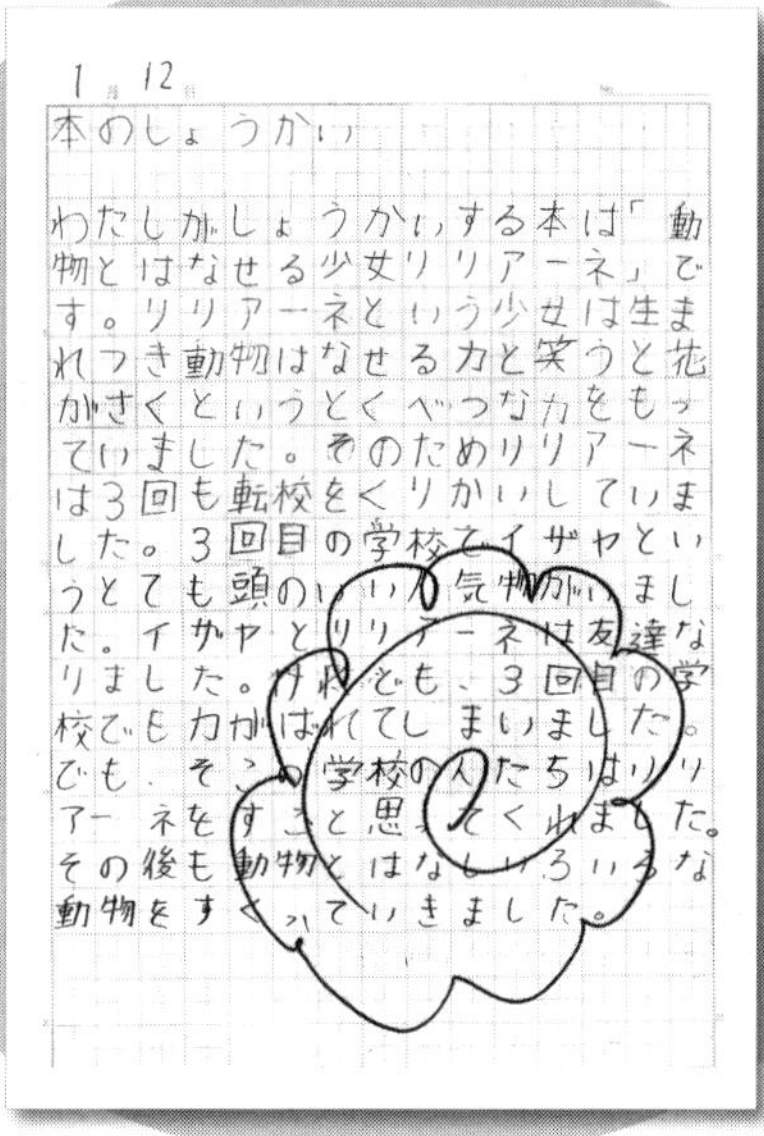

➡読んだ本の題名と日付、簡単な感想をノートに書くようにすると、読書が楽しくなっていきます

このように読書紹介を書いてくれるのは、とてもうれしいことでした。ここまでくれば、読書の習慣がしっかりついたといえるでしょう。

私が担任をしている子どものなかには、3年間で1000冊の本を読んだ子どもがいました。学級文庫の本、学校図書館の本も読み尽くすような状態です。

本は、買い与えるのが基本です。それは、本の好きな子どもは「何度も読み返したい」と思う本に出会うからです。

ただ、年に何百冊も読むようになると買い与えるのも大変です。このような場合は図書館から一気に借りてくる方法がよいと思います。図書館には子ども向けの本が整理されています。親子で図書館に行き、その雰囲気のなかで本を選ぶこともとてもよいことです。

④音読をして、日本語の理解を深めよう

≡ 音読は毎日続ける

秋田県の学校で家庭学習とともに課題にしているのが毎日の音読です。

大人になると、ほとんど音読をする機会がなくなってしまいます。ぜひ子どものうちにどんどん音読をさせましょう。

音読することの良さは、黙読とは違い、声に出して読み、自分の耳で聞くことができるということです。そのため、文章を読みとりやすくなります。

黙読では「きちんと読めている」と思っても実際に声に出して読んでみると、つっかかってしまい、すらすら読めないことが多いこともわかります。これは、十分に文章の内容が理解できていないためです。

⬆家庭ではカレンダーに音読の記録をつけるのもよいでしょう

音読に慣れていない子どもには、毎日国語の教科書を読むことをおすすめします。教科書の題の横に10個の○を書きます。一回読んだらそれを塗りつぶし、全部塗りつぶすまで毎日読むようにするのです。10回読む頃には文章の内容も理解でき、すらすらと読むことができるようになるでしょう。

また、前ページの写真のように、音読の記録をつけるのも大切です。毎日、家庭学習の最初に読むなどして、「音読は毎日必ずするもの」という習慣をつけましょう。

音読をするときには、きちんと立って姿勢をよくして読みます。そのときに**親ができるだけ音読を聞いてあげる**ようにすると、相手意識を持った読みができるようになります。

≡ さまざまなバリエーションで音読してみる

国語の授業中には、子どもたちに飽きさせないようにさまざまなバリエーションで音読を試みています。

ここでは、音読のバリエーションを三つ紹介しますので、親子でいっしょに音読にチャレンジしてみてください。

追い読み

追い読みというのは、後を追いかけて読むということです。まず、親が一文を読み、子どもが同じところを読みます。輪唱のように繰り返して読むのです。

この読み方は、はじめて読む文章や、難しくてうまく読めないときなどに有効です。これを繰り返すうちに、だんだんすらすら読めるようになってきます。

交互読み

親と子どもが交互に読むことです。まず親が一文を読み、その次の文を子どもが読みます。それを繰り返していくのです。やはりあまり上手に読めないうちは、一文など短い文を交互に読んでいきます。

だんだん読めるようになったら、1段落ごとや2段落ごとなど、読む文章を長くしていくとよいでしょう。親子で読んだり兄弟で読んだりの工夫もできます。

スピード読み

いつもの倍のスピードで読むことです。倍のスピードの追い読みをしたり、交互読みをしたりすることもできます。ゲーム感覚で音読ができるので子どもたちは楽しそうに読みます。スピードをつけて読み切れると満足感があり、音読が上達したことを実感できるはずです。

⑤正しい姿勢、鉛筆の持ち方とは

≡ 正しい姿勢で学習しよう

では、つづいて書くことの基本を説明したいと思います。

書くことでまず大切なのは、正しい姿勢を取ることです。次ページの図を見てください。


お子さんはこのような姿勢で学習できているでしょうか？

学校の授業でも姿勢の悪い子ほど、授業に集中できません。

それは、姿勢がよくないと余計なところに力がかかったりして、すぐに疲れてしまうからです。机に肘をついてしまったり、背中が丸まってきたりします。

書くものは
まっすぐに置く
書くものを
きちんと押さえる
机の中心に
体を合わせる

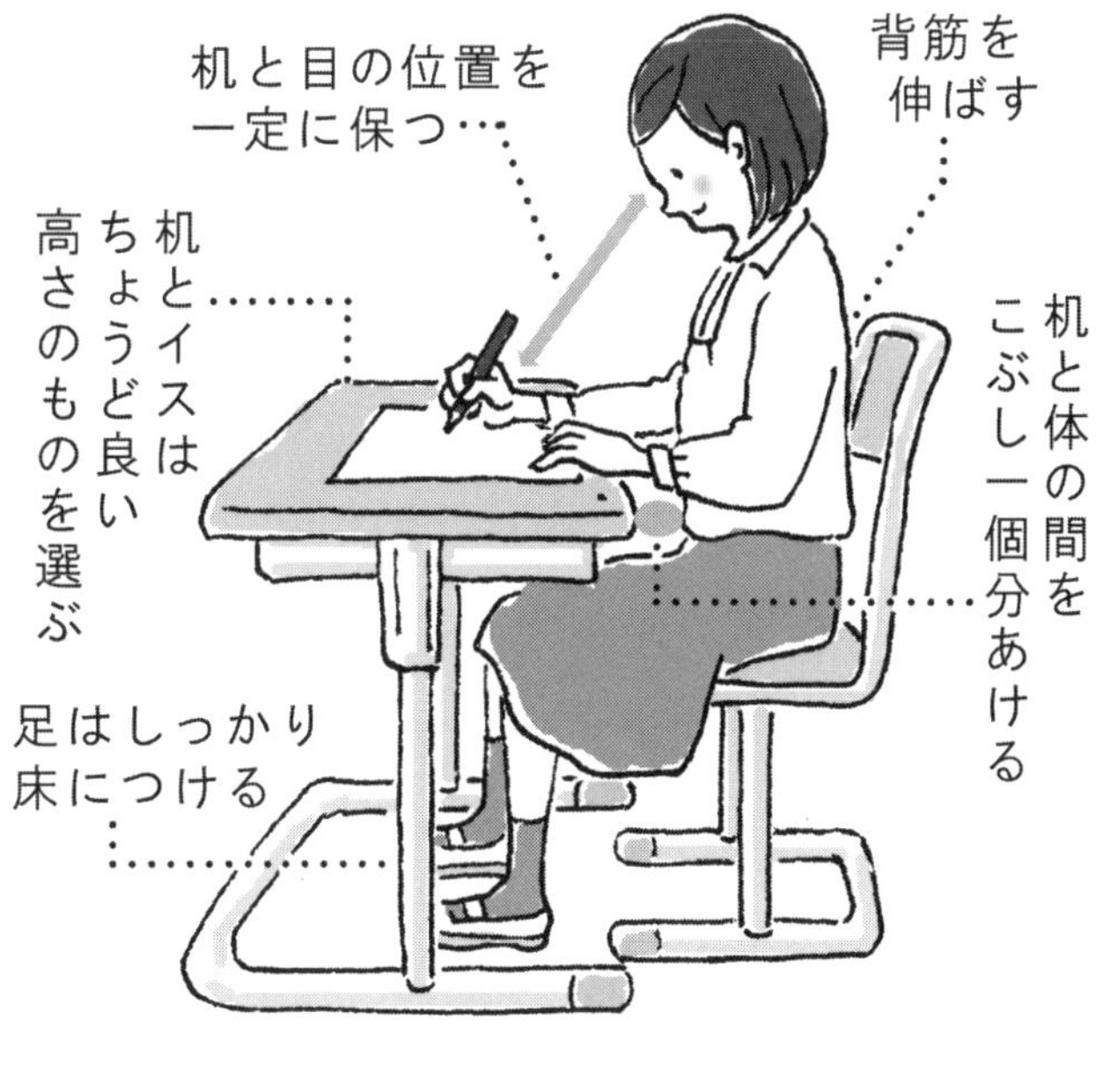
机と目の位置を
一定に保つ
背筋を
伸ばす
机とイスはちょうど良い高さのものを選ぶ
机と体の間をこぶし一個分あける
足はしっかり
床につける

一方で、姿勢よく座るためには、子どもにピッタリと合った机と椅子を選ぶことが大切です。椅子を選ぶ基準は、足の裏をピッタリとつけることができる高さです。その椅子に背筋を伸ばして座ったときに、ちょうどよい高さの机で勉強するとよいでしょう。

子どもは疲れてきたり、集中が途切れてきたりすると、だんだん姿勢が悪くなってくることがあります。そのときは「背筋を伸ばして」とか、「肘をつかないで」などと声をかけてあげるようにしましょう。

≡ 鉛筆は正しく持とう

最近は学校でも厳しく教えなくなったためか、鉛筆の持ち方が正しくない子どもが急増しています。私が教えている学習塾でも、7割以上の子どもが鉛筆を正しく持てていません。

姿勢と同じように、鉛筆を正しく持てないと、手が痛くなったり、疲れたりして長文を書いたりするのが難しくなります。

また、成長するにつれて正しい持ち方に直すことは難しくなりますので、気づいたらす

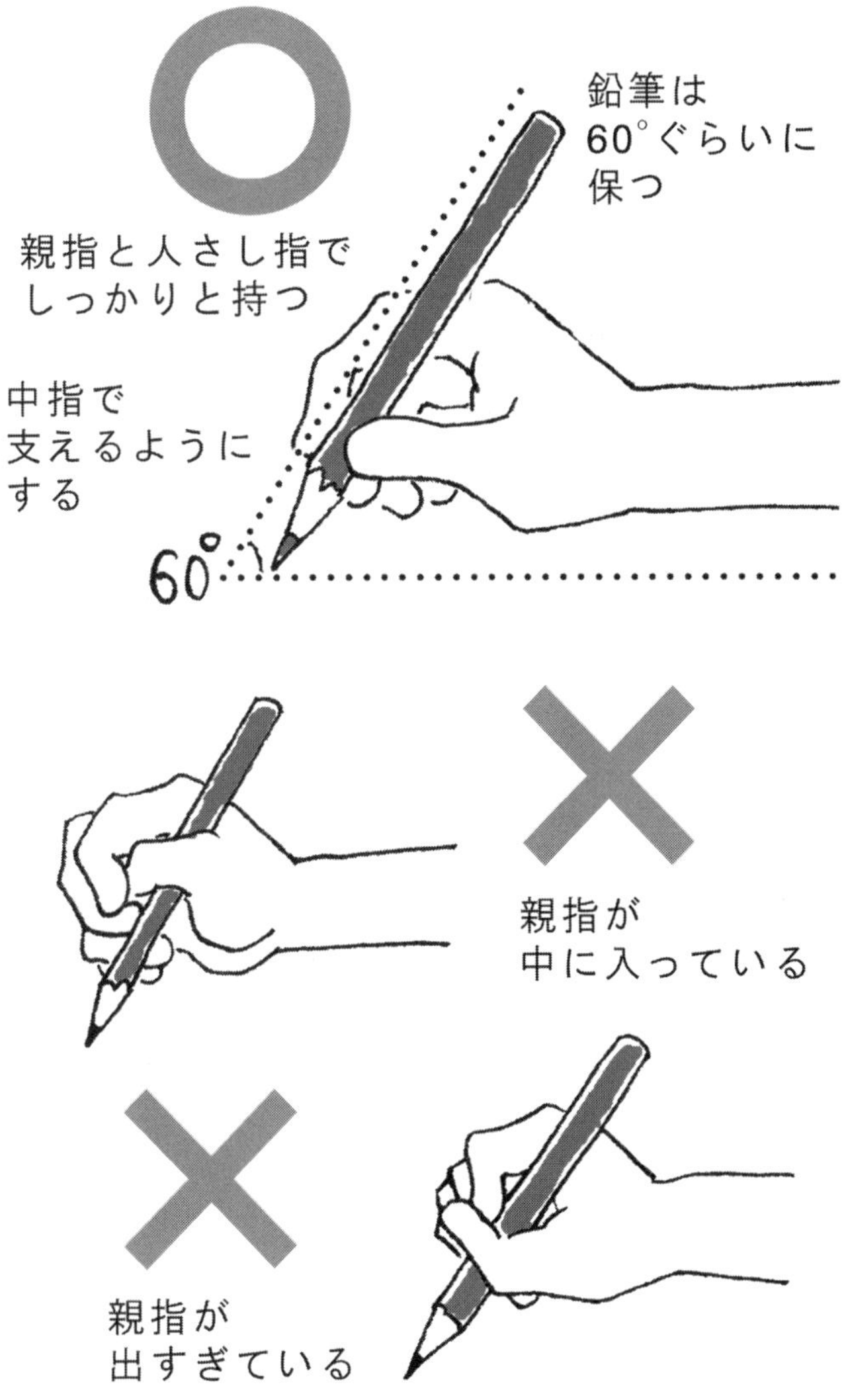
○
鉛筆は
60°ぐらいに
保つ
親指と人さし指で
しっかりと持つ
中指で
支えるようにする
60°
×
親指が
中に入っている
×
親指が
出すぎている

ぐにでも直すように働きかけましょう。

正しい鉛筆の持ち方は、前ページのようになります。

ポイントは親指と人差し指でしっかりと持つこと。ここから始めないと正しい持ち方にはなりません。親指と人差し指でつまんだら中指で支えるようにします。

この持ち方をすれば自然に鉛筆の角度は60度くらいに保たれるはずです。

もしすでに鉛筆の持ち方がよくない場合は、矯正器具を使うのもよい方法です。鉛筆を通して、指を正しい位置にはめられるようになっているものが市販されています。

ぜひ早いうちに矯正をして、正しい持ち方ができるようにしたいものです。

⑥漢字はどんどん覚えよう

≡ 正しい書き順で漢字を覚える

小学校で覚える漢字の数をご存じでしょうか？　小学校6年間で約1000文字の漢字を覚えることになります。

ただ、**各学年ごとに習う漢字を教科書に出てくる順番どおりに覚える必要はありません。**

たとえば計算であれば、足し算ができなければかけ算はできません。しかし、漢字は系統性が少ないので、新しい漢字をどんどん練習してもかまわないのです。

「学校で習うまで待ってから練習する」という方も多いのですが、漢字の場合は学校に先んじて学習していっても、まったく問題がありません。

むしろどんどん新しい漢字を覚えて、学校で習う時間を復習にあてるくらいの感覚でもよいと思います。

ただし、新しい漢字を覚えるときの注意があります。それは、正しい「書き順」で覚えるということです。漢字は、正しい書き順で書くと自然と文字が整うようにできていますので、ぜひ書き順を意識させてほしいと思います。

正しい書き順を覚えるときにおすすめの方法は、鉛筆を持たずに人差し指で、空《くう》に漢字を書いてみることです。低学年の子どもであれば、親といっしょに「1、2、3……」と画数を読み上げながら、空に書いてみるといいでしょう。

親が書き順にこだわらなければ、子どもは自己流の書き方で覚えてしまいがちです。まずは親が書き順に敏感になることです。

ちなみに、書き順があるのは漢字だけではありません。ひらがな、カタカナ、数字にも書き順がありますので、子どもがきちんと書けているか一度確かめてみてほしいと思います。

≡ 覚えた漢字はきちんと使う

「作文などのときに習った漢字を使わない」というのは、親御さんからよく相談されることです。

学校でもふだんの書き物や作文のときなどでは、なかなか漢字を書きたがらない子どもが多いのは確かです。それは、漢字を間違えるのがいやだったり、考えるのが面倒だったりするからです。簡単にいうと怠けているのです。

ですから、習った漢字を使わせたいのであれ

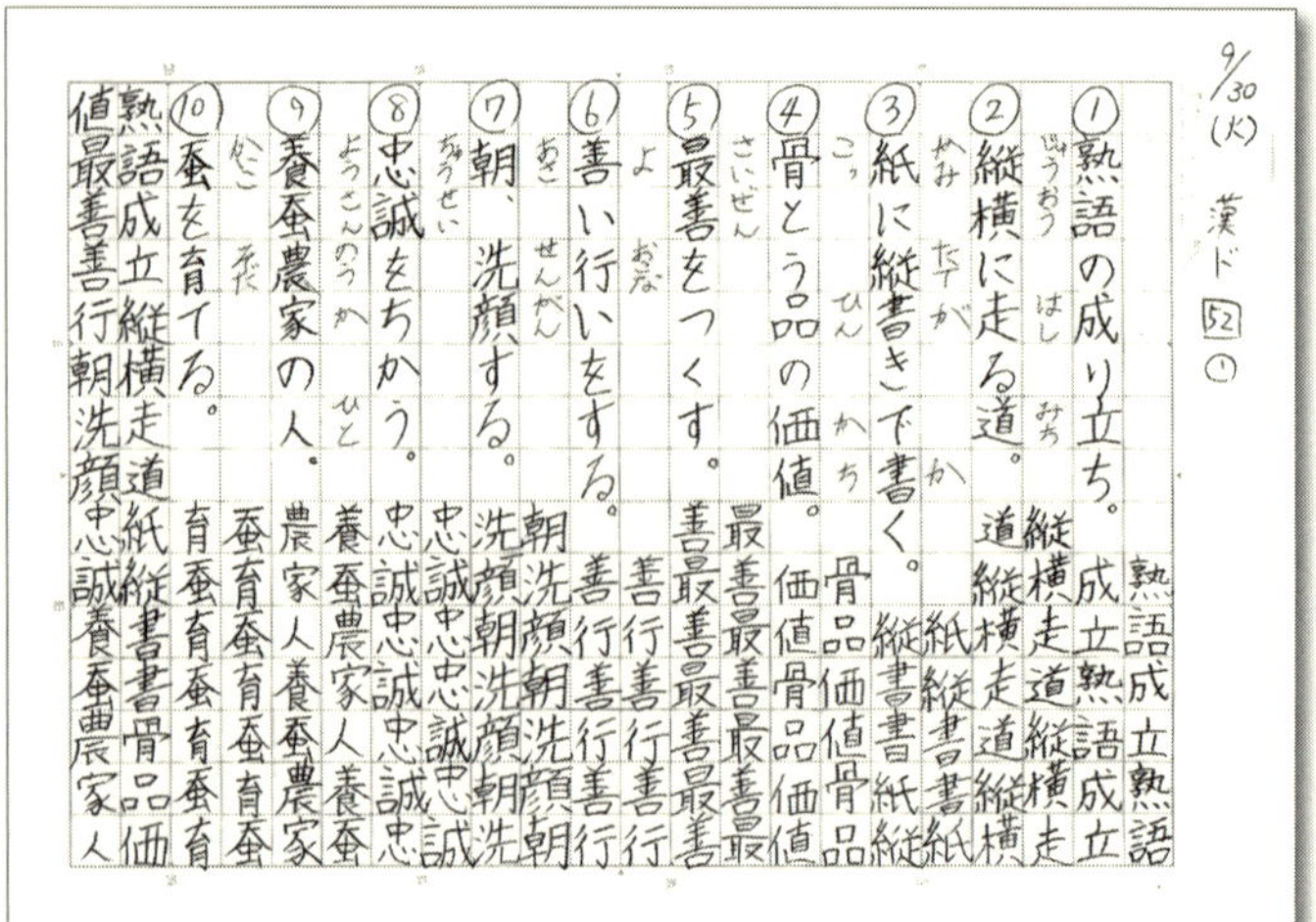

⬆新しい漢字は、学校で習う前に覚えてしまっても問題ありません

ば、**ひらがなで書いてしまったときには漢字で書き直させる習慣をつける**ことです。

漢字は使わなければどんどん忘れていってしまいますので、ふだんから漢字を使うのは大切なことです。やり直しをさせるのは親にとっても苦労なことですが、子どもたちが漢字を覚えるためには必要なことなのです。

☰ 新しい漢字は関連づけて覚えよう（部首・画数・読み方）

先ほど「漢字は教科書に出てくる順番どおりに覚えなくてもよい」と書きました。

そこで、ここでは、漢字を楽しく、どんどん覚える方法を紹介します。

それは漢字辞典を使うことです。

漢字辞典は、漢字の成り立ちや意味が書かれている辞書です。漢字辞典は国語辞典ほど一般的ではないので使っているご家庭も少ないと思いますが、漢字の練習にはとても役立ちます。

漢字辞典のよいところは、索引《さくいん》がいろいろあることです。

「部首索引」「音訓索引」「総画索引」などがあって、さまざまな角度から漢字を調べることができるのです。

たとえば、「校」という漢字を習ったとします。そのときに索引を使って漢字調べをするのです。漢字の探し方は、「ほかにこうと読む漢字は何がある？」「きへんの漢字を10個探してみよう」など、いろいろな問題が考えられます。「きへん」の漢字を探して、さらに同じ読み方の漢字を探してなどと、漢字をどんどん調べていくことができます。

先ほどから書いているように、漢字はいわゆる「先取り学習」ができる分野ですので、**漢字辞典を使ってゲーム感覚で漢字を学んでほしい**と思います。

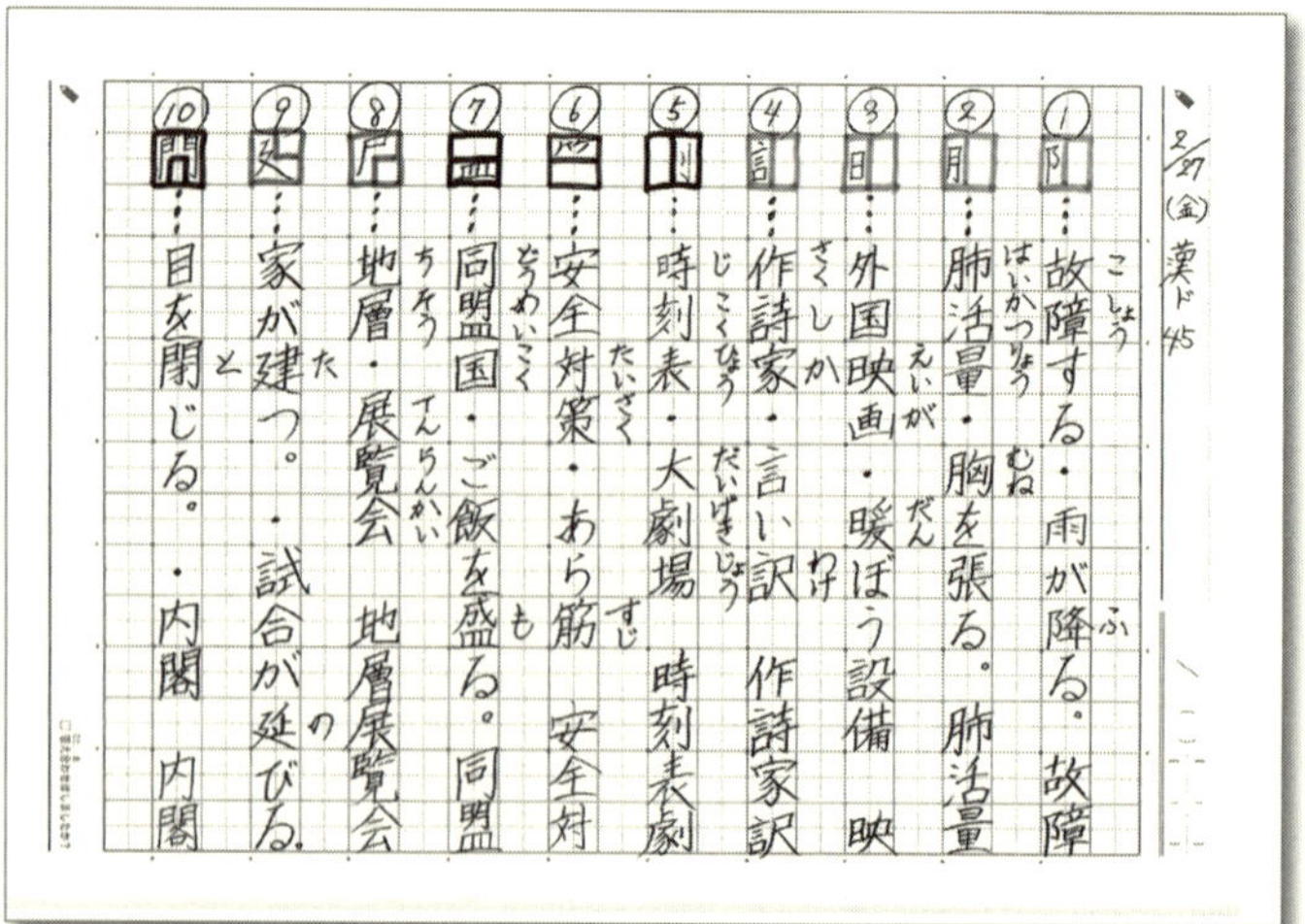

⬆ 部首で漢字調べをすると、どんどん漢字を覚えることができます

⑦国語辞典を使ってすぐに調べる習慣をつける

≡ 辞書に付箋を貼っていこう

先ほど、漢字辞典の紹介をしましたが、もう一つ大切な辞書といえば国語辞典です。

国語辞典は、日本語の単語・連語などを五十音順に配列し、言葉の意味を解説したものです。国語辞典の使い方は小学校の授業では、3年生のときに習います。

小学校で習うのは、おもに辞書の引き方です。3年生で引き方を習った後は、授業中に出てきたわからない言葉を随時、引くように指導しています。

秋田県では、学校に国語辞典を常備しておいて、授業中は机の上に置いてすぐに調べられるようにしています。こうすることで、**「わからないことがあればすぐに調べる」習慣**

⬅国語辞典で調べた言葉に付箋を貼っていくと、さらに調べたいという意欲につながっていきます

作りをしているのです。

前ページの写真は、調べた言葉に付箋《ふせん》を貼り、マークを付けている様子です。調べた言葉に付箋を貼ると、調べるたびに付箋が増えてきます。すると、自分が言葉をたくさん覚えた気分になり、さらに調べたいという意欲につながるのです。

三　ゲーム感覚で意味調べをしてみよう

学校の授業では国語辞典は3年生から使いますが、ご家庭では必要に応じて1年生から使ってもかまいません。むしろ「この言葉の意味はどういう意味?」という質問をするような子どもなら、早めに辞書を与えたほうがよいでしょう。

辞書をはじめて使うときは、親子で辞書遊びをするのがおすすめです。辞書の早引き競争などが楽しいでしょう。

たとえば、「『自立』の意味は何?　じゃあ、何秒で引けるかチャレンジしてみよう!　ようい、スタート!!」などと問題を出すと、張り切って辞書を引くでしょう。

はじめはなかなかうまく辞書を引けません。それは、索引を使えなかったり、言葉の出てくるきまりを知らなかったりするからです。

そんなときは、索引の使い方などを一つ一つ教えてあげるとよいでしょう。そうするうちにどんどん辞書を引けるようになるのです。

電子辞書もおすすめ

私が小学校で学級担任をしているときには、電子辞書をいくつか教卓の上に置いていました。すると、「先生、電子辞書を貸してください」とよく子どもたちが借りに来ていました。

たとえば委員会のポスターを作ったり、調べ学習をしたりするときに、字を間違えないように使うのです。

もちろん、紙の辞書の使い方を学ばせることも大事ですが、気軽に、素早く辞書を引けるようにしておくことも大切です。そういう意味で電子辞書はとても便利です。今は子ども用の電子辞書もありますので、ご家庭に1台置いておくこともよいでしょう。

国語辞典はリビングにも一冊用意しておきましょう。ニュースなどのテレビ番組でわからない言葉が出てきたら、すぐに辞書を引けるようにしておくのです。できれば、はじめは親自らが辞書を引き、その姿を子どもに見せるようにしましょう。それによって辞書を引くことの大切さがわかる子どもになります。

辞書を引けるようになったら、**子どもにわからない言葉を調べてもらうとよい**でしょう。子どもたちが辞書を引く機会を意識的に家庭のなかで作るようにするのです。

⑧計算は、「わかった」から「できた」になるまで繰り返す

≡ 繰り返すことはけっして無駄にはならない

計算問題をしていると、一問でもできると「もうこの計算はわかったから大丈夫」という子どもがいます。「昨日このページやったから、もうやりたくない」という子どももいるでしょう。

このような子どもたちには、繰り返し練習することの大切さを学ばせなければなりません。計算練習の大切なことは、「わかった」と思ったことでも、何度やっても「できた」と

なるまで繰り返すことが大切なのです。

繰り返しの重要性をわからせるためには、計算のミニテストがおすすめです。市販されている計算テストでもよいでしょう。

もし、そのテストでミスをしたり、満点を取れなかったりしたら、「次回は満点を取れるように繰り返し練習しよう」と言葉かけをすればいいのです。

100点満点を取れるまで繰り返し練習するということを習慣化するためにも、家庭でも計算ミニテストを定期的に実施してほしいと思います。

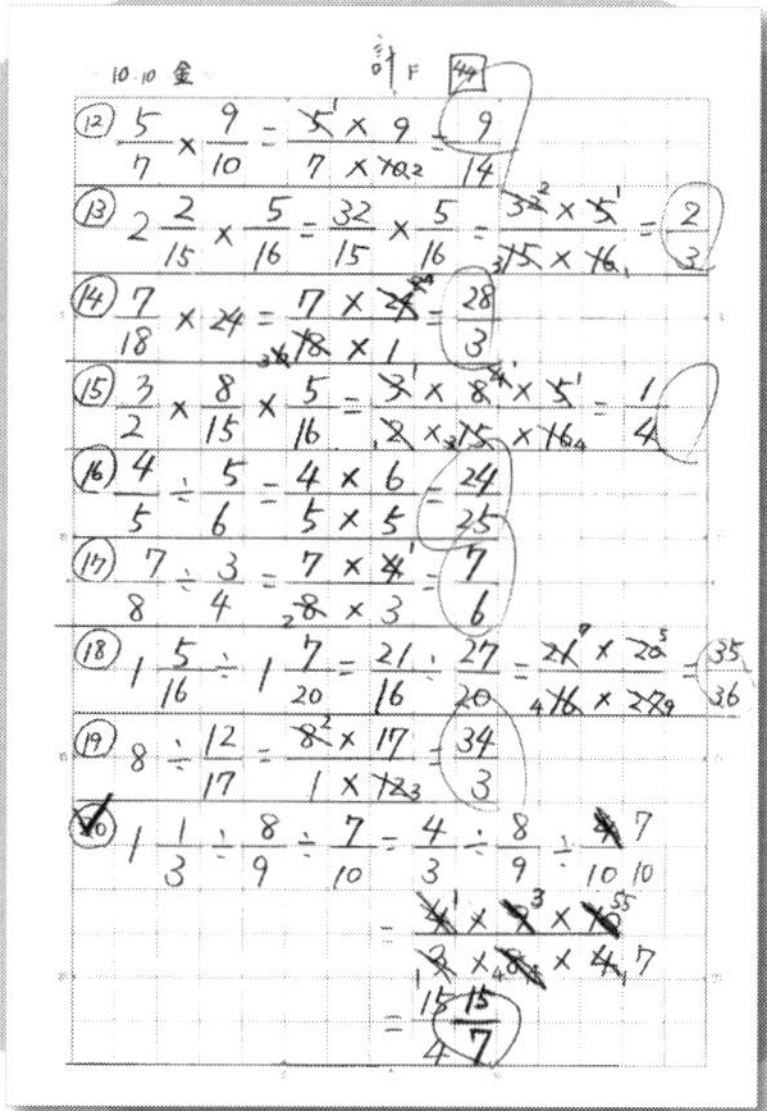

➡計算は何度も繰り返し練習することが大切。そのうえで丸付けは自分でやりましょう

≡ 計算は自分で丸付けをする

ここからは、計算練習をするときのきまりを二つ紹介していきましょう。

まず一つは、計算の丸付けは必ず自分でする、ということです。問題を解いたら、親に丸付けをしてもらうのではなくて自分やるのです。こうすることで、**どこが間違いだったかすぐに確認する**ことができます。

確認をしたら、ノートの余白に計算をやり直してみましょう。やり直しは鉛筆でやっても赤ペンでやってもよいですが、できたら必ず青丸を付けるようにします。

やり方が間違っていて計算が解けないこともあります。一度やり直しても正解できない場合は、教科書を見てやり方を確かめるか、やり方を親に聞くように声かけしておきましょう。わからないものをそのままにしておくのは、いけないことだと理解させるのです。

無事に全部間違い直しができたら親にノートを提出させます。これを計算練習の最低限のきまりにしてほしいと思います。

≡ 途中の計算を消さない

先ほど紹介したノートのように、計算ノートは十分にスペースを取って練習します。問題を間違えたときに、**間違えた計算を消さずに、余白に練習することが**できるようにするためです。

はじめのうちは、子どもたちは間違ってしまった計算を消しゴムで消したがります。しかし、それを消してはいけません。間違えた問題のなかに、どうして間違えたのか、その理由があるからです。それをしっかりと確かめたうえで、同じ間違いをしないようにして間違い直しをするのです。

また、文章問題などで、式を立てた後に筆算をするときがあります。この筆算も消してしまう子どもが多いのですが、こちらも消さないで残しておくようにします。やはり計算を間違えたとき、その理由を確かめるためです。

このような計算練習をするときのきまりを作っておくことで、正確に計算するための環境が整います。計算練習のときには、このような約束をきちんと作って守らせることが大切なのです。

家庭学習ノートを使ってみよう

①家庭学習ノートを選ぼう

≡ どの教科でも学習できるものにする

第４章では、実際に秋田県式の家庭学習ノートの使い方について紹介しましょう。

はじめに、秋田県式の家庭学習に向いているノートを紹介します。

まず大切なことは、家庭学習ノートを一冊にまとめられるものを選ぶことです。

そして秋田県では、家庭学習ノートでの学習の中心は、漢字と計算になりますから、ノートは縦にしても横にしても使えるものにします。

家庭学習に慣れてきたら、漢字や計算だけでなく、調べ学習や日記などさまざまな内容の学習をします。そのため、できるだけシンプルなノートを選ぶのがよいでしょう。

≡ 学年によってマス目の大きさを変えよう

秋田県では、5・6年生になるまではマス目のノートを推奨しています。

マス目のノートのよいところは、

- 1文字ずつていねいに書く意識を持たせやすい
- 1マス1文字になっているので、字の大きさをそろえやすい
- かけ算などの筆算のとき、桁の数字がずれない
- 作文や日記を書くとき、文頭をそろえることができる

などがあげられます。

とくに縦にしても横にしても文字が書きやすい点がよいですよね。

マス目の大きさは、学年が上がるにつれて小さいものになっていきます。

おすすめするマス目の大きさは、

1年生18㎜
2年生15㎜
3年生12㎜
4年生以上10㎜
5・6年生は10㎜の横罫を使ってもよい

横罫《よこけい》というのは、マス目ではなく横の罫線のみのノートです。このノートも縦にしても横にしても使いやすいので大丈夫です。ただし、字をていねいに書けていない場合はマス目のノートを使うのがいいでしょう。

現在は、「ＫＹＯＫＵＴＯ」という会社から秋田県式の家庭学習ノートが市販されています。「どんなノートを使ったらいいのかわからない」という場合は、まずはこちらを使うとよいでし

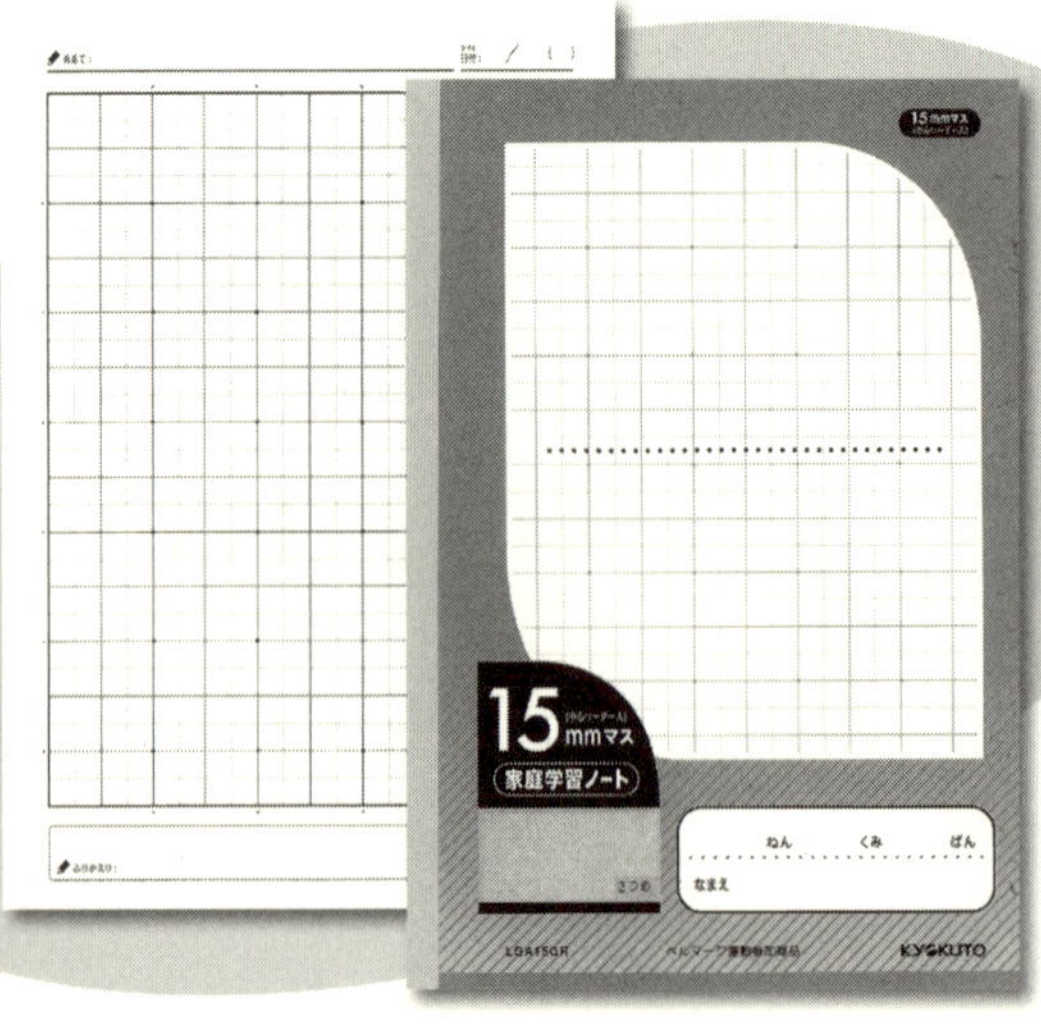

➡学年が上がるにつれてマス目は小さいものにしていきます

よう。

②家庭学習ノートの使い方のルールを決める

≡ 家庭学習のルールを決めよう

家庭学習を始めるにあたっては、まずは家庭学習のルールを決めます。そして、そのルールに沿って学習するようにしましょう。

このとき大切なのは、親子でルールを決めることです。けっして親が勝手にルール決めないことです。親がルールを決めてしまうと、子どもたちは「無理矢理やらされている」と感じてしまいます。子どもが自分でルールを決めるからこそ、「自分で決めたのだから守らなければならない」という責任感が生まれるのです。

ただし、ルール作りを子どもに丸投げしてしまうと、自分に都合のよいルールになってしまいます。ですから、子どもといっしょに話し合って決めさせるようにしましょう。コツは、**親が誘導するものの子どもには「自分で決めた」と思わせること**です。

では、基本的な家庭学習のルールを二つ紹介しましょう。

まず一つ目は、学習を始める時刻です。この決め方は第1章に書いていますが、ご家庭の事情に合わせて、一番集中できるときを設定するといいでしょう。

秋田県の子どもたちの実態を見ると、もっとも多いのは「家に帰ってすぐにやる」子どもです。しかし、帰ったときに大人が留守にしている家庭では、夕食の前後に学習することが多いようです。


二つ目は、学習が終わったら、学習したものをどう処理するかです。

基本的には、自分で丸付けをして、間違い直しをしたものを親に提出するようにします。

しかし、丸付けがうまくできないような場合は、親が丸付けをしてあげてもよいでしょう。

この二つが最低限決めなければならないルールです。

子どもたちの様子を見て、さらに細かいルールを決めてもいいと思います。その場合も親子でしっかり話し合って決めるようにしましょう。

≡ めあてとふり返りを書く

次に家庭学習ノートの使い方のルールです。秋田県の家庭学習で大切にしているが、毎日、「めあて」と「ふり返り」を書くということです。

家庭学習を始める前に、その日の学習内容に合わせた「めあて」を書きます。「めあて」には「これだけはしっかり守りたい」ということを書くのです。

「めあて」には大きく分けて二つの種類があります。

一つは、「学習の仕方」に関する「めあて」です。「字をていねいに書く」「おしゃべりをしないで集中して学習する」「ノートの使い方を守る」などです。これは、学習習慣が定着していない子どもや低学年に必要な「めあて」です。

この段階の子どもは、学習習慣の定着が重要です。できるだけ「めあて」を守っているのか見届けるようにしましょう。たくさんのことを一気に守らせようとしても、うまくいきません。一回の学習で一つのことをしっかりと守らせるようにするのが、コツです。

二つ目は、学習内容についての「めあて」です。これは、子どもの学習の質を向上させることにつながります。「東北地方の都道府県名を暗記する」「繰り上がりの筆算を間違えないでやる」「ことわざ調べを10個がんばる」など、学習内容について具体的に書かせるのがコツです。「めあて」作りも、はじめはうまくできません。

そんなときは、親がアドバイスするといいでしょう。「めあて」をはっきり持てるようになると、学習に集中して、目的を持って取り組めるようになります。

逆によくないことは「めあて」を書くのが、ただのお題目になってしまうことです。それでは「めあて」を作る

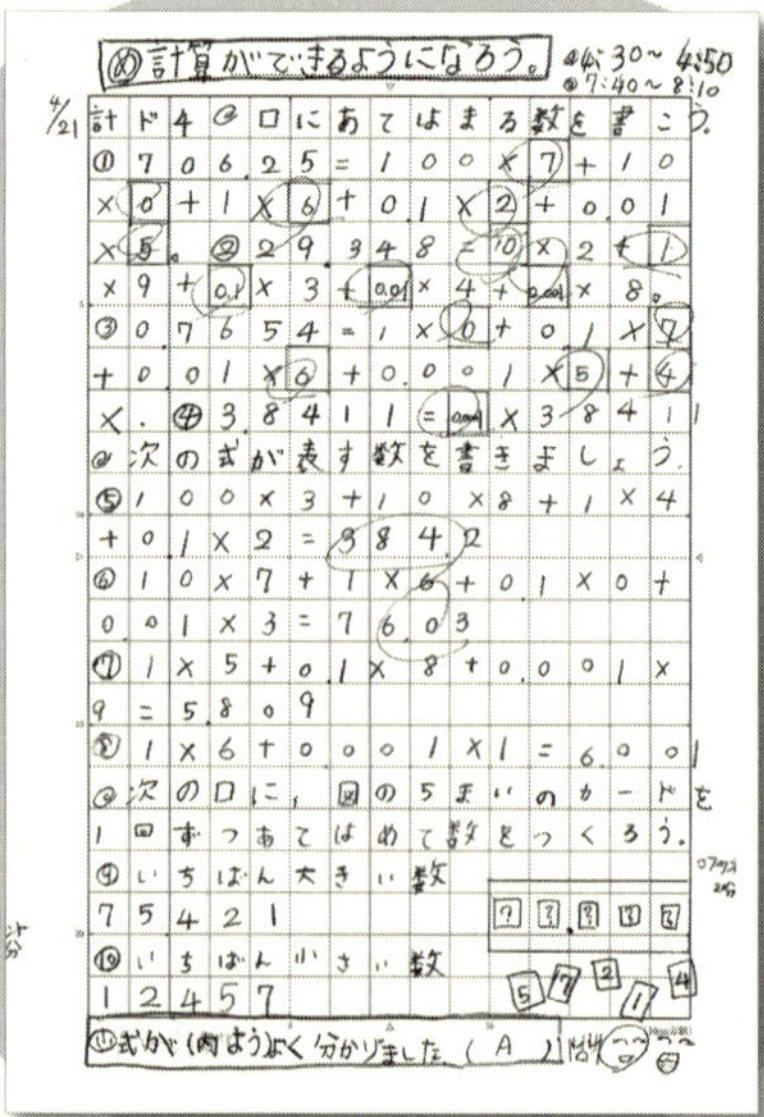

➡「めあて」をはっきり決め、終わったあとに必ず「ふり返り」をすることが大切

意味がありません。そうならないためにも、「めあて」に沿った「ふり返り」をすることが大切なのです。

家庭学習を終えたら、最後にその日の「めあて」を守ることができたのか、必ず「ふり返り」をします。

低学年であれば、○△×などの印で簡単に自己評価をしてもよいと思います。高学年になったら、自己評価を文章で書くようにしましょう。

たとえば、「ノートにていねいに字を書く」という「めあて」を作ったとします。それに対する自己評価がいつも「今日はていねいに書けませんでした。次はがんばります」では、ただの形式的な作業になってしまいます。

「最初はよかったけど、だんだん字が雑になってしまった。字が雑だと計算も読みづらいので、この次は気をつけたい」などと守れなかった原因を書くようにします。

「めあて」を達成できなかったときは、なぜできなかったのか、次はどうしたらいいのかをしっかり考えさせる必要があるのです。

二度、三度同じ「めあて」を守ることができなかったら、次は「めあて」をもっと簡単なものにしなくてはいけません。逆に、すぐに達成できたのであれば、次はより高度な「めあて」に変えていく必要があります。**「めあて」と「ふり返り」を繰り返すことは、客観的に自分を評価するよい訓練になります。**これを繰り返すことが自分を高めていく自主的な学習態度にもつながっていくのです。

≡ ノート全体の「めあて」を決める

毎日の学習の「めあて」を決めるのも大事ですが、ノート全体の「めあて」を決めるのも大切なことです。

1冊のノートをどのように使うのか、最初に決めておくことでノートの使い方に対する姿勢が変わってくるのです。

「めあて」の内容は、気持ち的な面でも技術的な面でもよいと思います。

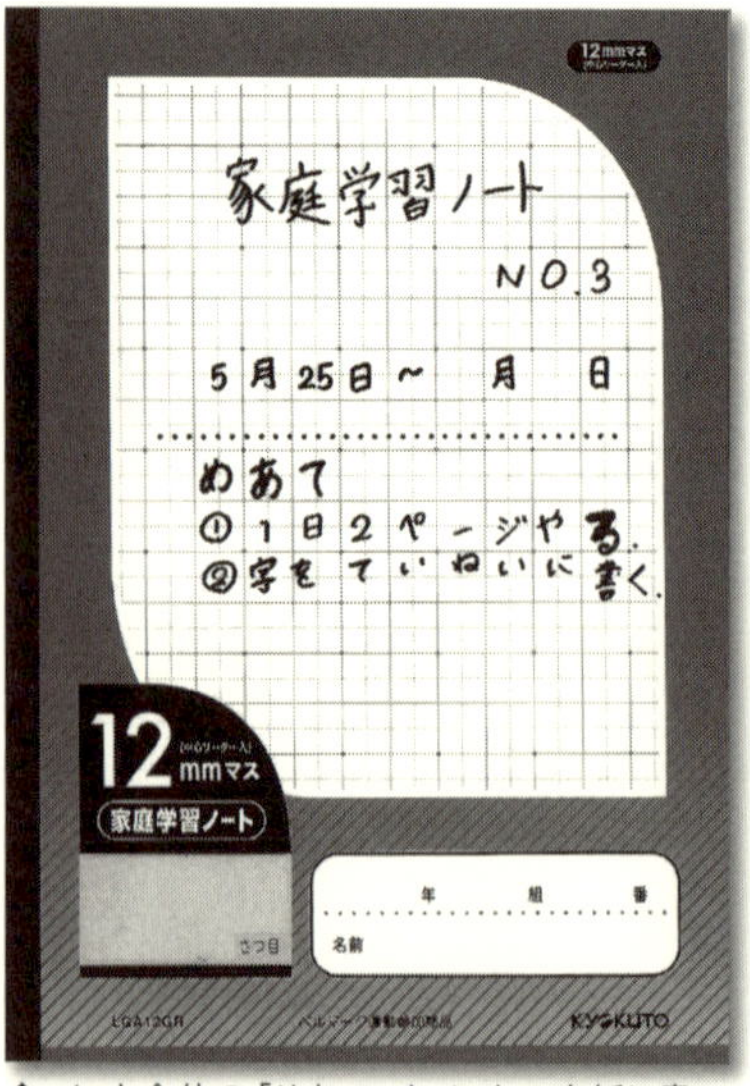

⬆ ノート全体の「めあて」をノートの表紙に書いておくようにしよう

たとえば、「最後までしっかりとていねいな文字を書く」という「めあて」を立てたとします。この「めあて」があれば、字が雑になったときに「めあてを忘れてるよ」とアドバイスすることができます。

「めあて」はノートの1ページ目や表紙に書いておくとよいでしょう。

≡ 必ず親に提出しよう

秋田県の家庭学習の特徴的なことの一つが、親や教師が毎日ノートにコメントを入れることです。学習習慣を身につけるのは、簡単なことではありません。日々の授業で指導していても、なかなか身につかないのが学習習慣だからです。

家庭学習を毎日続けることも同じです。家庭学習ノートを使って学習していれば、自然に身につくというわけではありません。子どもの学習の様子を見ながら、学習の仕方を繰り返し教えていくことが大切なのです。

はじめのうちは、ほとんどの子どもがノートを見られるのを嫌がるはずです。それは、

「何か注意されそう」と思うからです。ですから、内容を注意するだけでなく、必ずほめるようにするのです。そして、毎日必ず親に提出し、「家庭学習は親に見せるもの」という意識を子どもに持たせましょう。

子どもが家庭学習を提出したときに目を通すポイントは三つです。

- **字やノートの使い方がていねいか**
- **「めあて」と「ふり返り」が書けているか**
- **学年に見合った内容を学習しているか**

もし、できていなければ、きちんとやり直させます。

とくに「ノートの使い方のルール」や「字をていねいに書く」など学習の基礎になることについては、できるようになるまで根気強く指導することが大切です。

③家庭学習のスケジュール表を作る

三 学習する時間と量を決めよう

家庭学習のスケジュールを決めるときに、最初に決めたいのが学習する量です。一般的に学習量のめやすは「学年×10分」といわれていますが、子どもの実態に合わせて、調整するとよいと思います。

低学年の場合はいくら延ばしても60分程度にして、だらだらと時間を延ばさず、集中して取り組めるようにするほうがよいでしょう。

逆に集中力の続かない子どもには、60分の勉強を朝30分、夜30分というように分けることもおすすめです。**短時間に集中して学習するほうが学習効率が上がる**からです。

家庭学習では時間になったからといってページの途中で学習を終えてはいけません。ですから、時間的な「めやす」と同時に「30分で2ページやる」など時間と量の「めやす」を同時に持たせるとよいでしょう。

ただし、集中力の続かない、低学年の子どもなどは、決めた時間をだらだらと過ごしてしまいがちです。そのような場合は、時間よりも、ページ数を優先して学習するといいでしょう。1年生なら、まずは1ページをしっかりと学習できるようになることをめざしてください。

2年生以上は見開き2ページを目標にします。しかし、調べ学習などをすると、時間がかかりすぎる日もあります。そのようなときはページ数を減らしてもよいでしょう。大切なのは、学習時間と量のバランスを見ながら学習をすることです。

学級担任をしていると、突然スイッチが入ったように10ページ以上も学習してくる子どもをよく目にします。しかし、その多くが息切れを起こしてしまいます。

家庭学習は一日の量をたくさんやるよりも、毎日続けることが大切です。**やり過ぎにも注意して、ペースを守って学習する**ようにしましょう。

これを数週間続けていると、「もっとこれをやりたい」とか、「もっと計算練習を増やしたほうがよい」などと改

学習の計画例

月	音読　漢字練習
火	音読　計算練習
水	音読　視写
木	音読　調べ学習
金	音読　漢字練習
土	音読　計算練習
日	音読　日記

時間のめやす

1年	10分+α
2年	10分+α
3年	30分
4年	40分
5年	50分
6年	60分

善したほうがよいメニューが出てくると思います。そうなったら、そのつど親子で話し合って内容を精選していくとよいでしょう。

さまざまな家庭学習の内容についてはこの章の最後に紹介していますので、ぜひ参考にしてください。

「親子で話し合って」というのは、家庭学習のキーワードです。家庭学習の内容は親が決めるのではなく、「子ども自身が決めた」と思わせたいからです。親はあくまでもアドバイスをするというスタンスでいるのがいいでしょう。

「今自分にとって必要なことを学習する」という姿勢はとても大切なものです。子どもが「自分で決めて学習している」と感じることが主体的な学習につながるのです。

④学習のスイッチを入れる工夫

≡ スイッチを入れる学習を設定しよう

家庭学習で多く取り入れるのは、漢字や計算などの基礎的な学力を高めるためのドリル学習です。しかし、子どもたちにとっては学習が単調になりやすく、家庭学習に対する意欲が低下しがちです。

そういうときは、家庭学習のはじめに学習モードに切り替える準備をすることがおすすめです。具体的には、学習のはじめに10分程度音読をするのです。

大きな声で音読をしているあいだに雑念が消え、学習に集中できるようになります。

ドリル学習に対する意欲が低下しているときは、ゲーム的な要素を取り入れるのもよい方法です。

このときに便利なのはキッチンタイマーです。たとえば、「計算ドリル○番を10分でやってみよう」などと時間制限をするのです。子どもはチャレンジすることが大好きなので、いつもよりも意欲的に取り組めるでしょう。

また、ドリル学習の成果を実感させることも、意欲的に練習させるためのよい方法です。

先述したように秋田県では週に1回、漢字・計算のミニテストを実施しています。そのテストでよい点数を取れるように練習をしてくるのです。

同じように漢字や計算練習の励みとして、家庭で独自にミニテストをやってみるといいでしょう。市販のドリルには、範囲ごとにミニテストが付属されているものがあります。それを使えば簡単にミニテストを実施できます。

家庭でテストをするときのポイントは、満点を取らせるように練習させることです。満点を取れれば、「その次もがんばろう」という意欲につながります。

そして、満点を取ったら大いにほめてあげましょう。親のほめ言葉が子どもにとっては一番うれしいものだからです。

≡ 百ます計算を上手に活用しよう

陰山英男先生が実践されて有名になった百ます計算も、子どものやる気スイッチを入れるのに最適です。

百ます計算というのは、たて横十個ずつ並んだ百個のますを利用して「足す、引く、かける」などの計算をしていくものです。

「頭を学習モードに切り換えるときには音読がおすすめ」と書きましたが、この百ます計算も同じような効果があります。家庭学習の最初に、毎回百ます計算をするようにしてください。百ます計算はその子の実力にあったものを用意すれば、無心で、集中してチャレンジできます。その「集中できる」ことが学習への切り替えにとてもよいのです。

とくに、自分のスピード記録にチャレンジさせると効果的です。

もちろん、百ます計算をすると、頭の切り替えになるだけでなく計算力も着実についていきます。毎日1枚など継続的に家庭学習に取り入れることをおすすめします。

⑤見やすく美しいノートを作る

⬆家庭学習の最初に百ます計算をすると、頭の切り替えになり、集中力もついて効果的

見られることを意識する

家庭学習は人に見られるものと意識して学習させるようにします。「ノートは、人に見せるものではない」という考えもあると思いますが、秋田県の家庭学習では「見られる」ことを意識することによって育つ力もあると考えているのです。

具体的には、「ノートの使い方を工夫する」「字をていねいに書く」「わかりやすくまとめる」などの力です。

ここで、見やすいノートを作るための基本的な三つのポイントをまとめておきましょう。

一つ目は、ノートに使う色は三色までにすることです。色を使う理由は大事なところを目立たせるためです。しかし、色の数が多くなると、どこが大事なのかわからなくなってしまいます。ふだんは鉛筆のほか、赤と青があれば十分です。

とくに大事なポイントは、毎回「赤で囲む」などときまりを作ると、より見やすいノートになります。

二つ目は、図表を使うことです。文章では書き表わしづらいことも図や表を使うとわかりやすくなります。算数の文章問題や理科の実験など図表を使いやすいものから練習していきましょう。

また、書くときにすごく時間がかかるような複雑な図表の場合は、コピーを貼るのがおすすめです。

三つ目は日付・学習内容・問題番号を書くということです。

ノートをさらに機能的に見やすくするためには、毎日学習をするときに、家庭学習ノートに必ず書くことがらを決めておくことです。

まずは、日付と学習内容を記入します。これらを記入することで、いつ、どんな学習をしていたのか確かめることができます。

次に学習内容についてです。漢字や計算のドリル学習では、ドリルのページ番号、問題番号をはっきりと書きます。問題番号がわからなければ、答え合わせや間違い直しをするのにとても苦労してしまいます。

そうならないため、どこに何を書いたかがはっきりとわかるようにするのです。

≡ 内容によってノートの使い方を決めよう

家庭学習ノートを使いはじめたばかりの子どもには、学習内容ごとのノートの使い方を決めておくと学習がしやすくなるでしょう。

同じ漢字練習をする場合でも、新出漢字を練習するときと、漢字の使い方を練習するときではノート使い方が変わります。

次ページの写真は新出漢字を練習するときのものです。このノートでは、新出漢字を大きく書き、読み方や使い方を書いています。こうすると、どの漢字が新出漢字でどのような読み方、使い方をするのかがよくわかります。

学校で新出漢字を教えるときは、正しい書

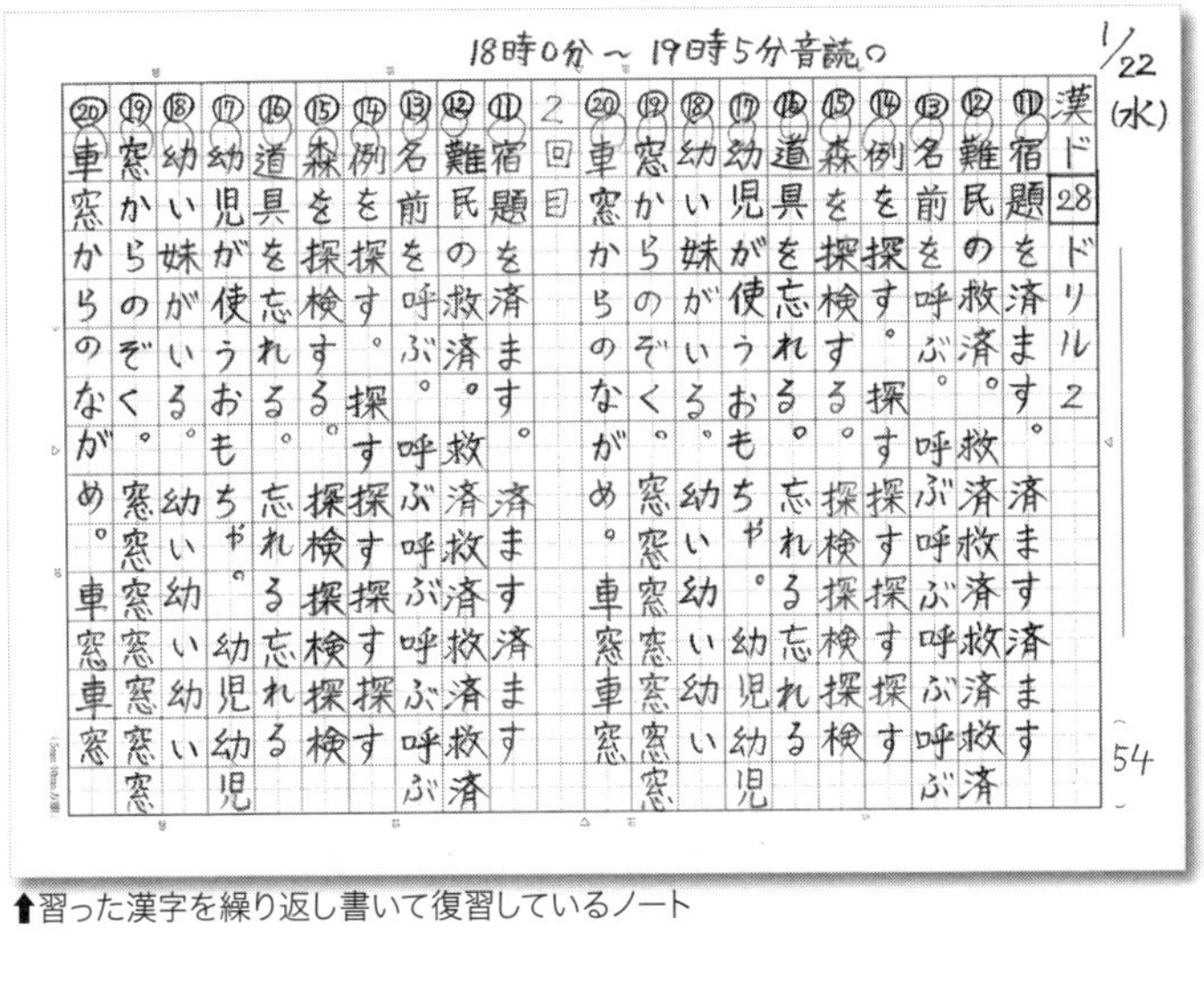

⬆習った漢字を繰り返し書いて復習しているノート

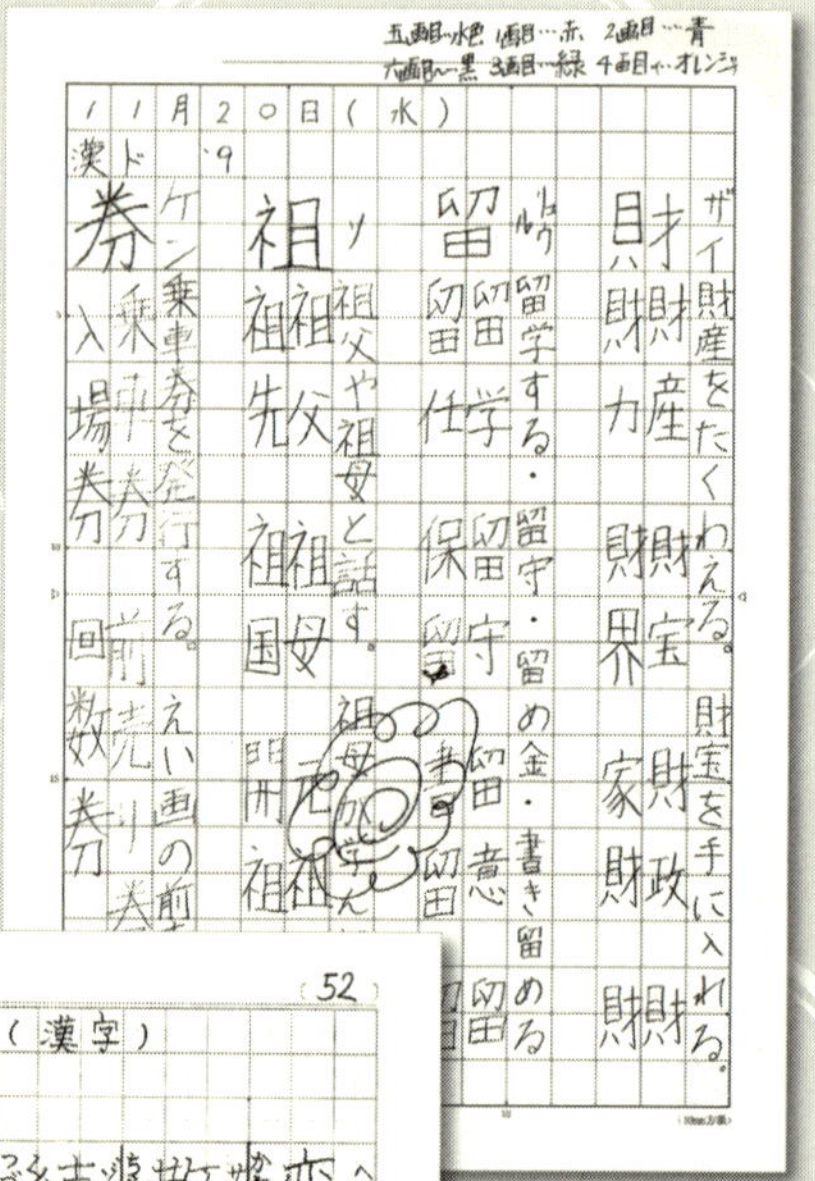

➡新出漢字を大きく書いて、読み方や使い方を練習しているノート

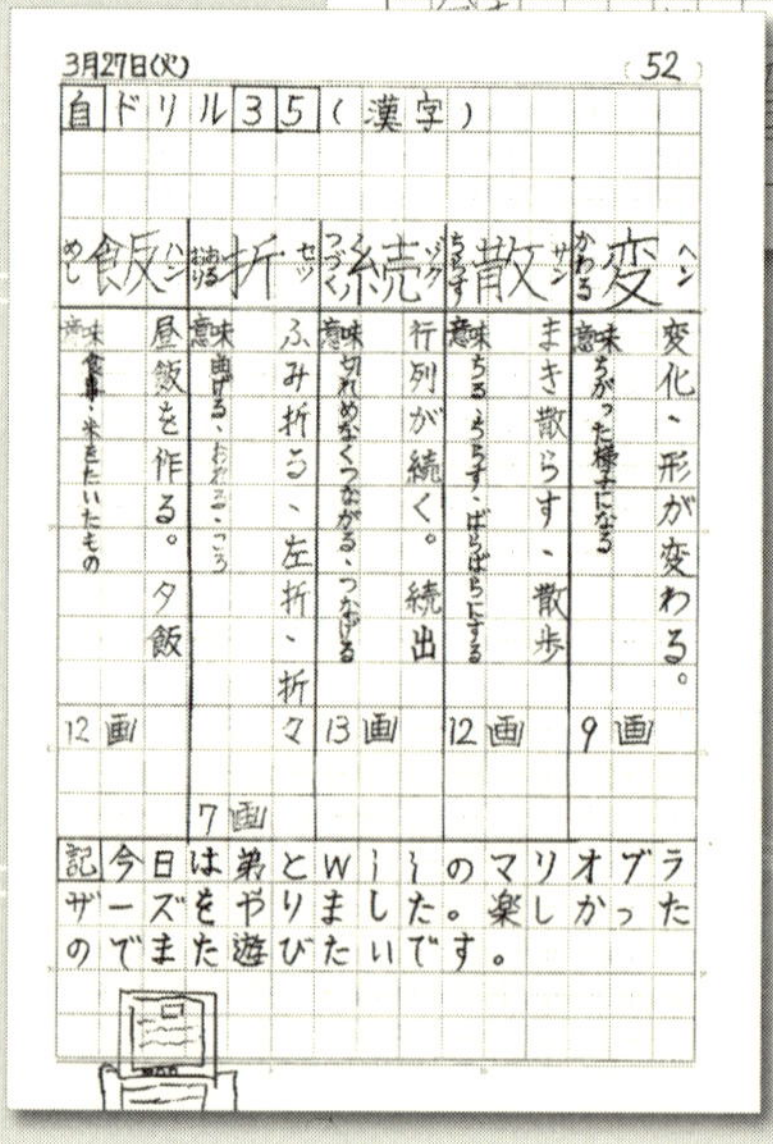

き順、読み方を確認して漢字練習ノートに何度も練習します。ひと通り読み書きを覚えたら、漢字ドリルで使い方を覚えていくという手順です。家庭学習ノートでの練習も学校の場合と同じように、新しく習う漢字の読み方、書き方を覚えさせることから始めましょう。

１３５ページの写真は、習った漢字を復習しているノートです。この場合は、さまざまな漢字の使い方を練習することが基本となります。

はじめにノートの使い方をマスターし、それに慣れておけば、一人でどんどん進められるようになるのです。

≡ あいだや余白をゆったりと取ろう

次は、計算のノートです。

割り算の筆算の練習をしていますが、計算練習をするときにはこのようにあいだや余白をゆったりと取るのが見やすいノートにするコツです。

とくに計算練習では、間違えたときに、計算のどの部分を間違えたかを確かめなければいけません。ですから、このようにゆったりと書くほうが見やすいのです。また、余白があると間違いをしたときに間違い直しをするスペースも生まれます。

⑥積み重ねを感じるノートを作る

≡ プリントはノートに貼って学習を一元化

何度も書いてきていますが、家庭学習ノートを使った学習で、もっとも大切なことは毎日続けて勉強する習慣をつけることです。

だからこそ、家庭学習ノートをできるだけ、使いやすく、継続できるものにすることが大切です。そのためには、プリントをやったときにも家庭学習ノートに貼り付けるのがおすすめです。プリント学習では、プリントがや

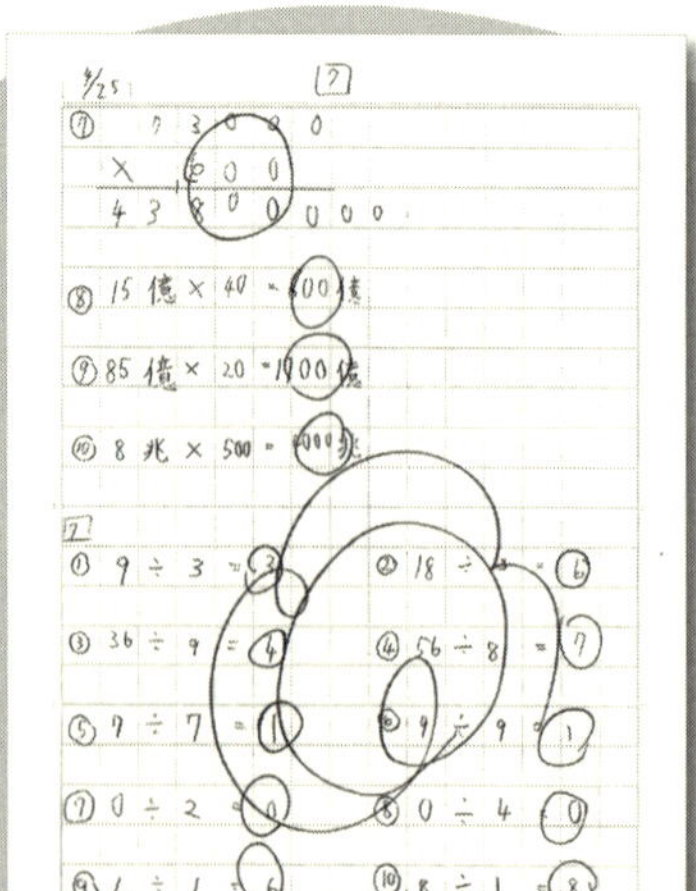

➡余白をゆったり取るのが見やすいノートのコツ

りっぱなしになり整理できないことが多くなります。その点、家庭学習ノートに貼り付けると、学習を家庭学習ノートに一元化することができます。

なるべく、プリントで学習したときは、そのプリントを家庭学習ノートに貼るようにしましょう。また宿題やほかの学習で家庭学習ノートを使えなかったときは、その旨をノートに記入するといいでしょう。

こうして**一冊のノートに集約することで学習がシンプルになり、学習習慣が定着**しやすくなるのです。

≡ ノートに励ましコメントを書こう

家庭学習ノートは、親が毎日見てあげるようにします。子どもたちが毎日続けた頑張りの成果を親が認めてあげるのです。

親はノートに毎日コメントを書き入れるようにしましょう。コメントでは、子どもの学習のなかからよいところを見つけてほめてあげるといいでしょう。コメントは子どもが見ている前で書いてあげてもよいですし、提出させて次の日の勉強までに机の上に置いておくのもよいでしょう。そうすると、子どもたちはそのコメントを見るのが楽しみで早くノートを開きたいと思うようになるはずです。

子どもをコメントでほめるコツは、「子どもが認めてほしい」と思っているであろうことをほめてあげることです。

まず、いつもと違った新しい学習をしていたら、必ずほめてあげましょう。「ことわざの意味をよく調べられたね」とか「植物の葉っぱの様子がよく描けているね」など具体的にほめてあげることです。

ドリル学習などをした場合は、よくなったことや学習の仕方についてほめるとよいでしょう。「立派な字が書けるようになった

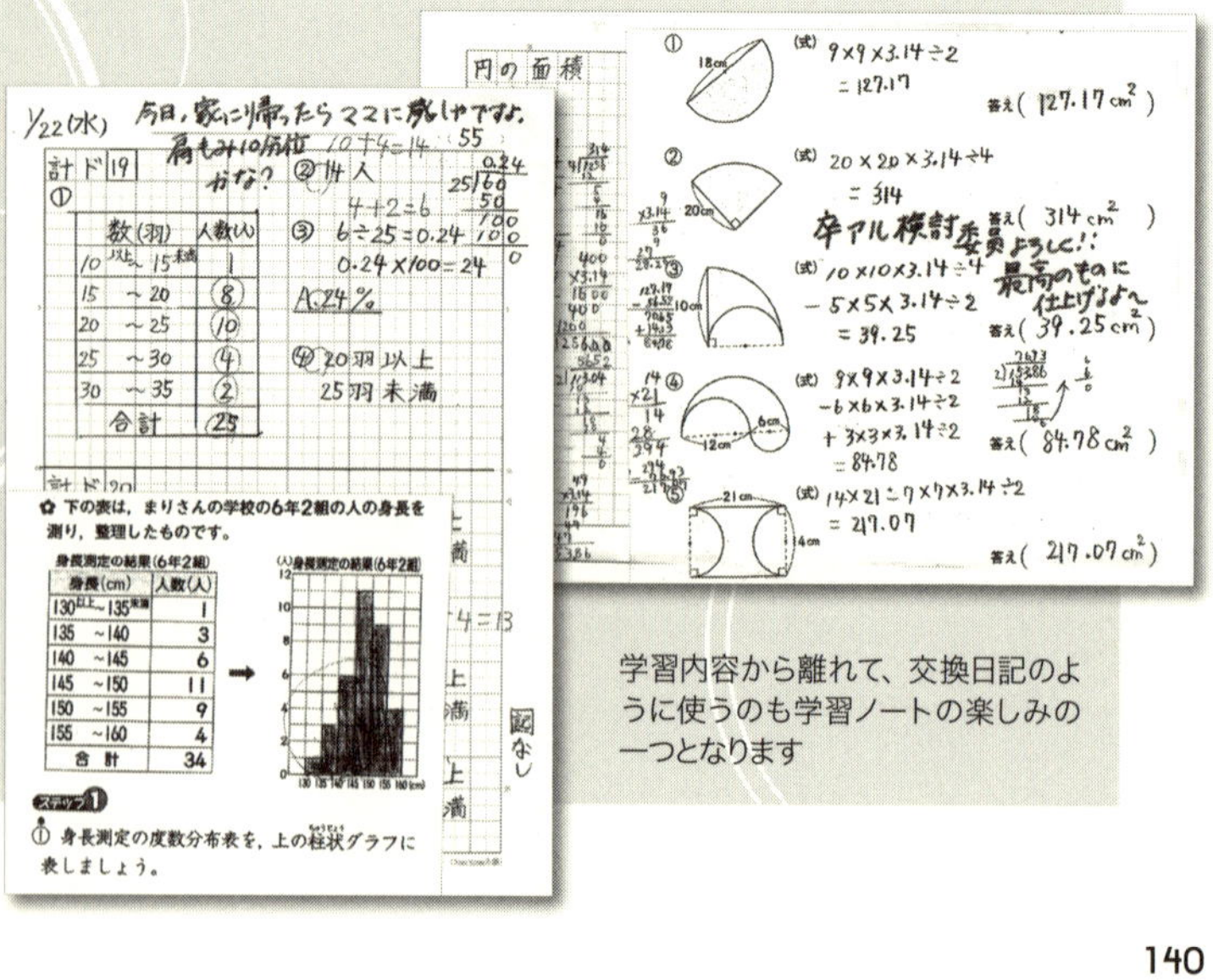

学習内容から離れて、交換日記のように使うのも学習ノートの楽しみの一つとなります

ね」とか「きちんと間違い直しができてえらいね」などです。もちろん、きちんとできていないときは注意することも必要です。そんなときも注意を書いたあとには、同時に励ましのコメントを入れるようにしましょう。

ところで、コメントは毎日続けて書いていると、書くことが見つからなくなります。そんなときは学習内容から離れて交換日記のような使い方をするのもよいでしょう。

たとえば、「今日は学校の勉強はどうでしたか？　いつも自分で時間割をそろえられるようになって、お母さんも安心です」などと、子どもに話しかけたいこと、ほめた

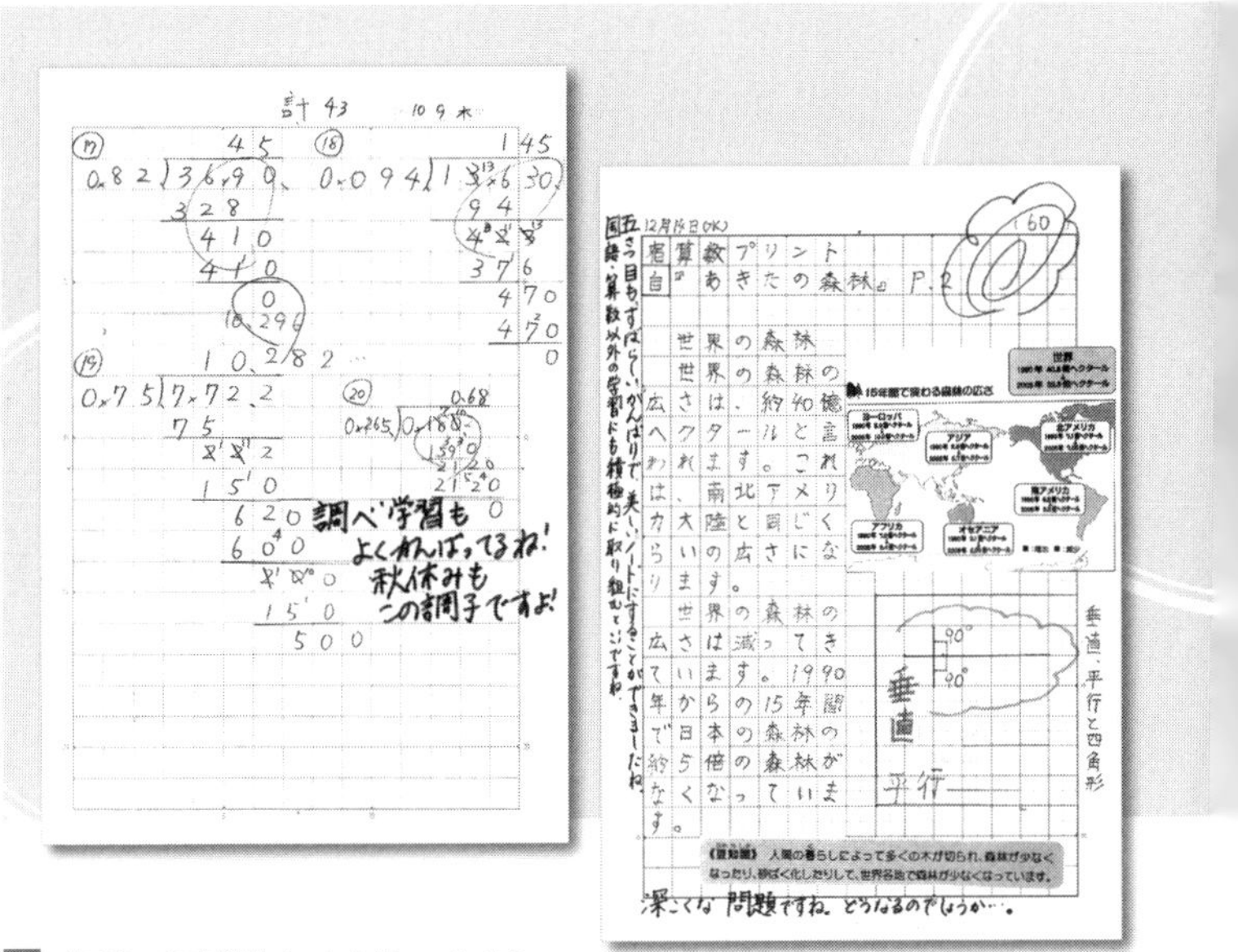

いことなどを気軽に書いていけばいいのです。それに対して子どもが返事を書いてくるようになります。これも家庭学習ノートの楽しみの一つです。

新しいノートにはナンバーを書こう

家庭学習ノートを使いはじめるときは、表紙に使いはじめた日付や冊数のナンバーを記入するようにしましょう。このノートでは、よい使い方ができたときに「ごほうびシール」を貼っています。このようにすると、それが励みになり学習へのモチベーションが高まります。

また、家庭学習ノートを大切に使わせるコツは、ノートの表紙や1ページ目の文字をていねいに書かせることです。きれいなノートは自分にとっても気持ちよいものです。最初はできるだけていねいに使わせ、それを継続することを目標にしましょう。

私が教員をしていたころ、1年間1日も休まずに家庭学習を続ける子どもがクラスに数名いました。そういう子どもは、年間20冊以上のノートを使います。

子どもにとっては1年間毎日続けられたことは自信につながり、家庭学習ノートは宝物のように大切なものになります。家庭学習ノートのなかには、日々の学習内容だけでなく、親や先生からの励ましのコメントも書かれているからです。ノートを何年も保管している子どももいるそうです。

ノートの冊数がどんどん増えてくると、続けたことへの自信がさらにわいてきます。そして、大きな達成感が得られます。

家庭学習ノートはその存在自体が子どものやる気につながるのです。

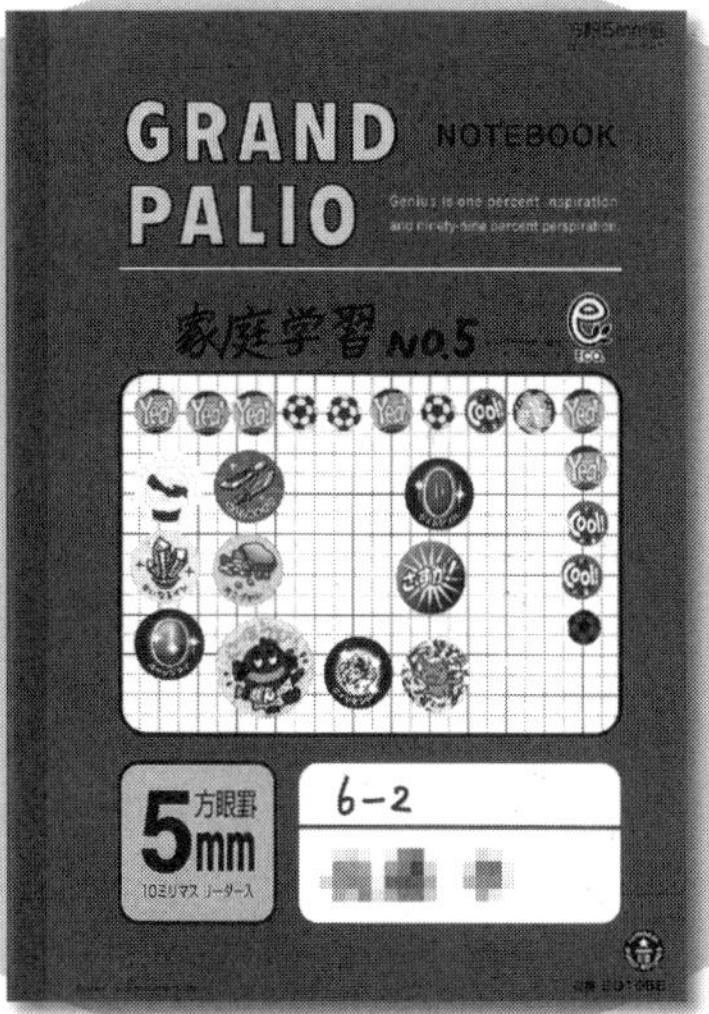

➡「ごほうびシール」を貼ってあげると励みになり、学習へのモチベーションが高まります

⑦さまざまなメニューに挑戦しよう（漢字、計算、理科、社会）

≡ 計算は確実にできるまで練習しよう

何度もお話をしていますが、「読み・書き・計算」は学習の基礎となる大切なものです。たとえば計算では「かけ算」でつまずくと「少数のかけ算」もできなくなってしまうというように後の学習に影響を与えますので、一つ一つ確実に定着させることが重要です。よく、いくつか問題を間違えても「計算ミスしただけ、きちんとやればわかる」という子どもがいます。親も「わかってはいるんですけど……」とお話をする方が多くいます。

算数の計算練習は、やり方がわかっただけではいけません。計算のやり方がわかったうえで、それを「確実にできる」に高めるまで習熟することが重要なのです。

テストでケアレスミスをする子どものほとんどは「確実にできる」レベルまで計算練習をしていません。満点を取るのはもちろんのこと、正確に速く計算できるように、繰り返し練習することが大切です。

計算が苦手な子どものなかには、計算中に書いた数字が読みづらかったり、筆算の桁がずれてしまったりすることが、多く見られます。

計算のミスを少なくするコツは、ていねいに大きく数字を書くこと、桁をそろえて計算することです。途中の計算を見やすく書くだけで、ケアレスミスはかなり減らすことができます。

計算を何度やり直しても、正解できないこともあります。そんなときは、教科書でやり方を調べるか、親にやり方を尋ねるように指導しましょう。家庭学習では、問題をわからないままの状態で放っておくのが一番よくないこと

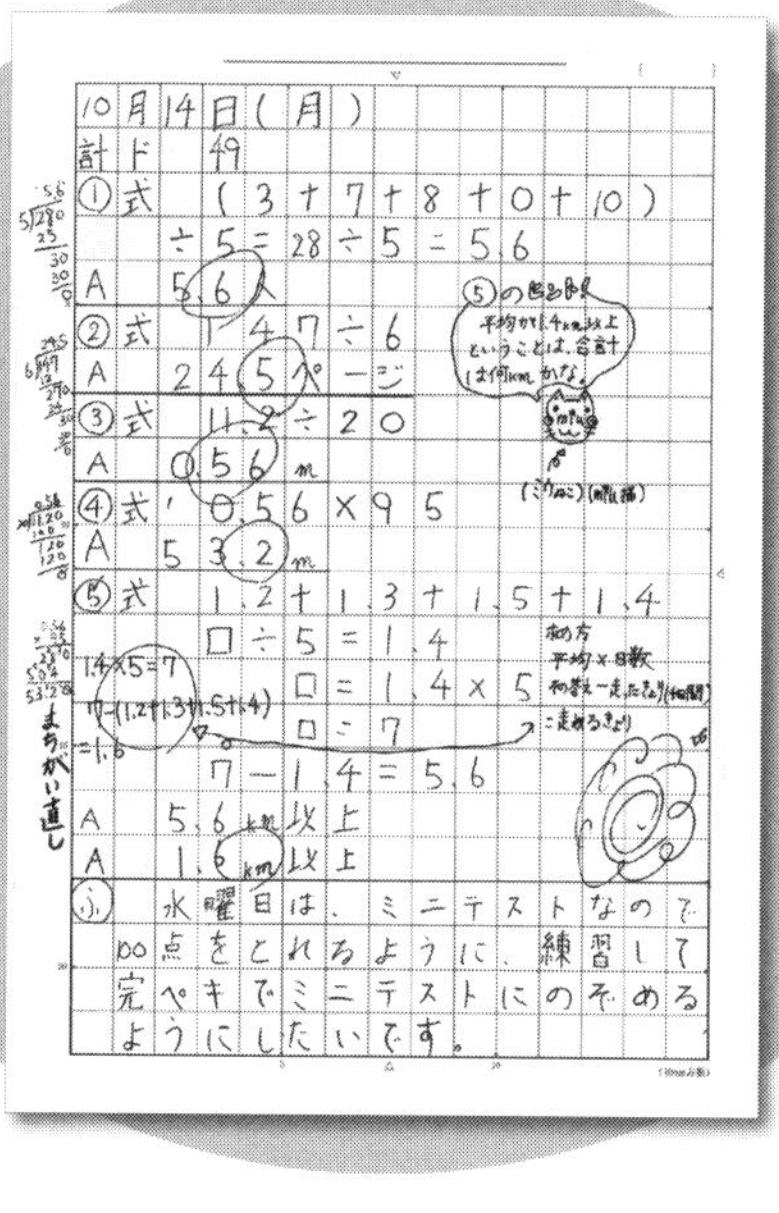

➡計算ミスを少なくするコツは、ていねいに大きく数字を書くことと、桁をそろえること

です。「わからないことはそのままにしない」ということを習慣づけるようにしましょう。

≡ 漢字練習は親が必ず確認する

小学校6年間で習う漢字は、1006字です。1年生80字、2年生160字、3年生200字、4年生200字、5年生185字、6年生181字という内訳です。3・4年生でもっとも多くの漢字を覚えることになります。

計算ドリルの答え合わせでは、子どもが自分で丸付けすることをすすめしましたが、漢字練習のときには、必ず親が確認するようにしましょう。漢字は間違って覚えていたら、自

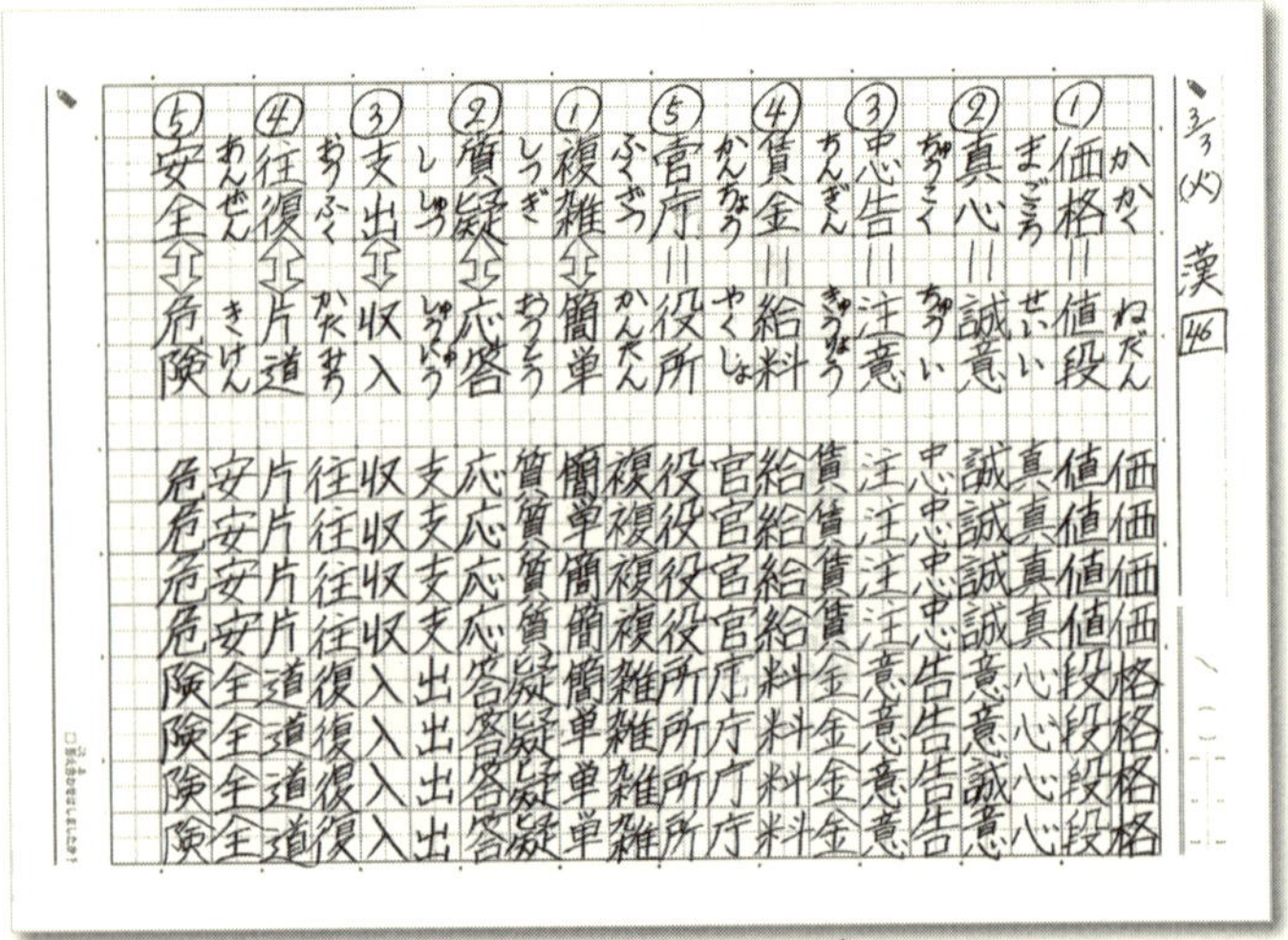

⬆ 細部までていねいに書いているかが、漢字チェックのポイント

分の間違いを発見するのが難しいからです。

漢字をチェックするときに大切なことは、細部までていねいに書いているかということです。書き順やトメ、ハネ、ハライなど細かいところにも注意しましょう。

親が雑な字を見逃していると、子どもはすぐにそれに慣れてしまいます。楽なほうに流されやすいのが子どもの特質なのです。ですから、ノートを見て気づいたことはしっかりと指摘して、書き直させるようにしましょう。

また漢字ドリルの練習をすると、ノートに余白が生まれるはずです。この余白には必ず漢字を練習するように習慣づけましょう。「漢字ドリルにある問題をやれば終わり」と考えるのではなく、しっかり覚えるまで練習する意識を持たせるためです。

「親が読み方を言って、子どもが漢字にして書く」という勉強法もおすすめです。親が問題を出してあげると子どもは必死に考えますし、親子のコミュニケーションにも役立ちます。ぜひご家庭で実践してみてください。

日記を書いてみよう

「作文を書くのが苦手」という子どもは、意外と多いものです。学級担任をしていた頃は、そんな子どもたちには、週に1回は日記を書くことをすすめていました。日記の内容は、日々の出来事や家族で出かけたことなど何でもかまいません。楽しかったこと、うれしかったことなどを自由に書かせてみてください。

とくに低学年の場合は、文章よりも絵が先に浮かんでくる子どもが多いので、ノートの上半分を絵のスペースにして、絵日記にすることもよいでしょ

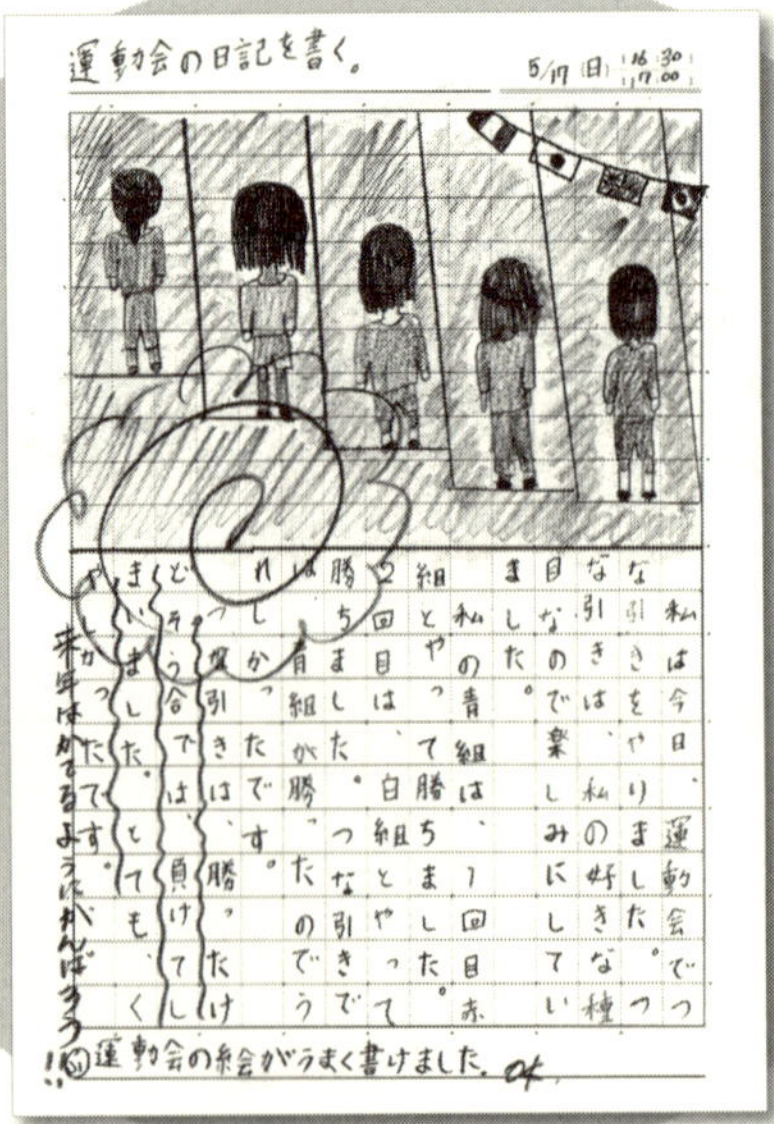

➡作文が苦手な場合は、絵日記にすると書きやすい

う。絵を描くと書きたいことが明確になり、文章に表わしやすくなります。

日記を書くときに注意することは、文章構成のルールです。段落が変わったら一マス下げることや句読点を行頭に書かないこと、などをそのつど教えるようにしましょう。

それでも文章を書くのが苦手という子どもには、観察日記がおすすめです。小学校では、生活科や理科で植物などの観察日記をつける学習をしています。その形式を使って、身の回りの動植物の観察日記をつけるとよいでしょう。このときも上半分を絵のスペースにするとより書きやすくなります。

文章の内容には、見たことだけでなく、気づいたことや考えたことを書くようにしましょう。観察日記で文章を書くことに慣れたら、徐々に日記や作文にも挑戦していくのがよいでしょう。

日記を書く際に、注意してほしいことがあります。

それは、やたらと長い文章を書いてしまうことです。長くなるとその分内容は薄くなりますし、文章は簡潔に書くことも大切です。はじめにきちんとページ数（多くても2ページ）

を決めて、そのなかでまとめられるようにすることも大切な勉強なのです。

≡ さまざまなメニューに挑戦しよう

家庭学習をつづけているうちに、だんだん学習のメニューが固定化してきてしまうことがあります。「何を勉強したらいいのかわからない」という状態です。

そんなときは、上手に家庭学習ノートを使っている人の真似をするのがよいでしょう。

この本のなかにもたくさんのよいノート例を載せていますので、ぜひ参考にしてください。

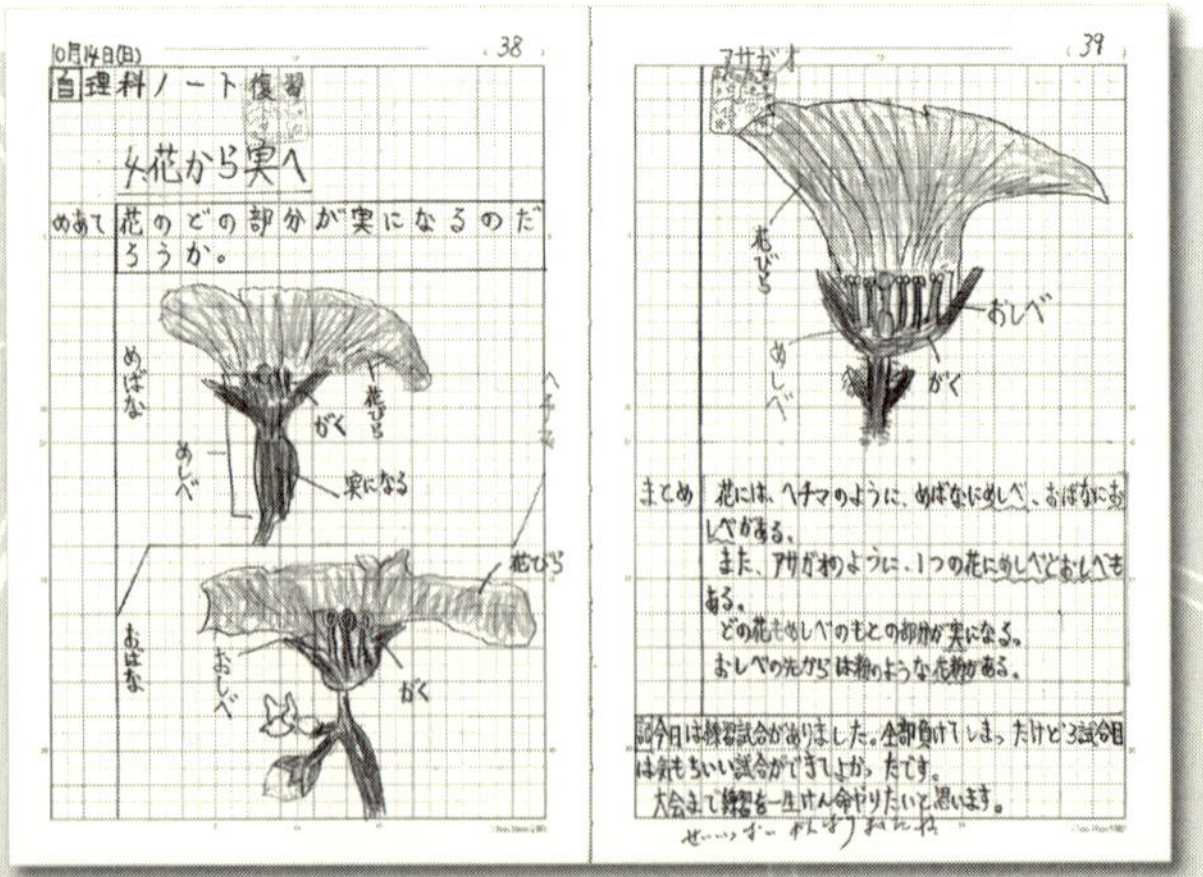

⬆学校の理科の授業を復習したノートです。絵に描き表わすことで、理解が早まります

「人の真似なんて……」と思う方もいるかもしれませんが、子どもの学習にとっては、真似をすることはとても大切です。はじめは真似をして始めたことでも、続けていくうちに着実に自分の力となっていくのです。

では、ここで家庭学習でできる学習内容を紹介しましょう。

◎スタンダードなもの

- **漢字・計算練習**
- **日記、観察日記**
- **視写（教科書などを書き写すこと）**
- **英単語調べ、ローマ字の練習**
- **同じ部首、画数の漢字集め**

⬆コピーの写真をノートに貼ると、美しく見やすいノートに仕上がります

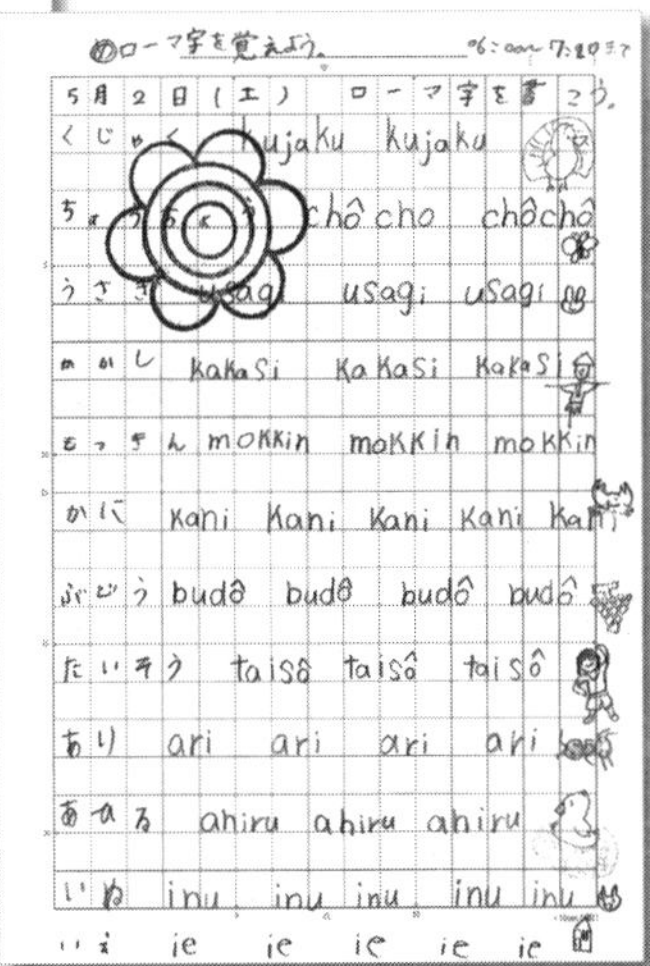

⬆ローマ字の練習です。身の回りのことがらをローマ字で表わしています

◎オリジナリティのあるもの

- 新聞のニュース調べ
- おすすめ本の紹介
- レシピ調べと調理
- 物語作り、文章問題作り
- 楽譜の勉強
- ことわざ調べ、世界の国旗調べ、県庁所在地調べ
- 年表作り
- 漢字のしりとり

このように工夫しだいで学習できるものは、たくさんあります。まずはスタンダードな内容のものから始めて、オリジナルな学習を開発するのも楽しいですよね。

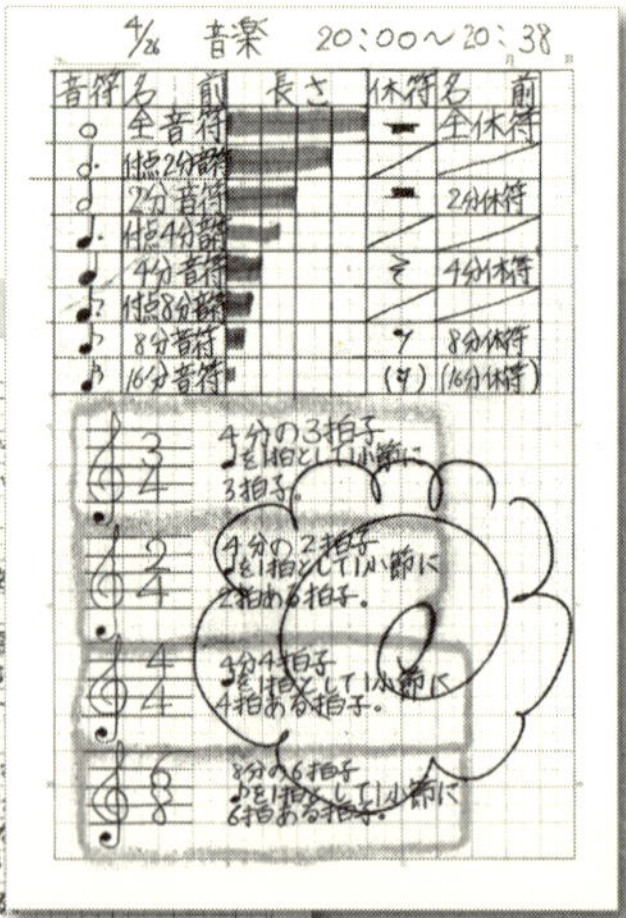

⬆音楽など漢字、計算以外の学習内容を工夫することも大切です

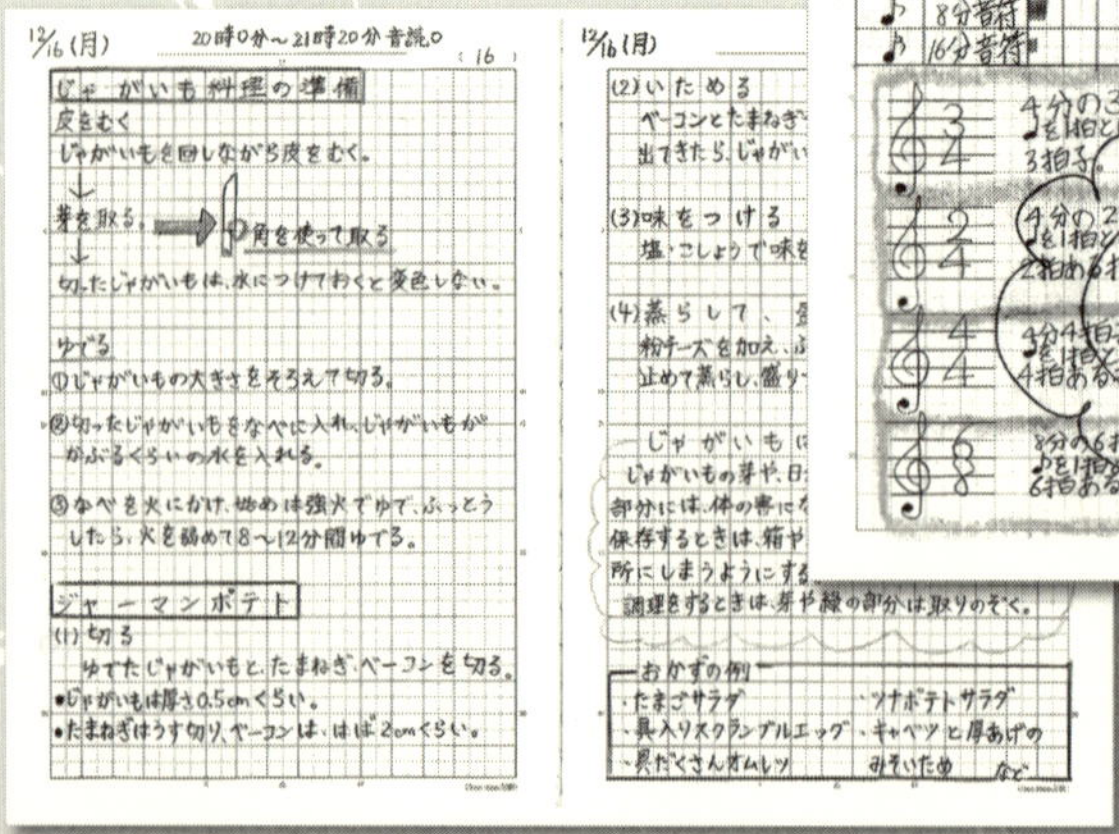

⬆調理実習で学んだことをまとめたノートです。ポイントを整理してよくまとめています

それでは、実際に家庭学習で勉強したオリジナリティあふれるノートを紹介します。「いつもドリルばっかりやっている」という子どもは、ぜひ参考にしてほしいと思います。

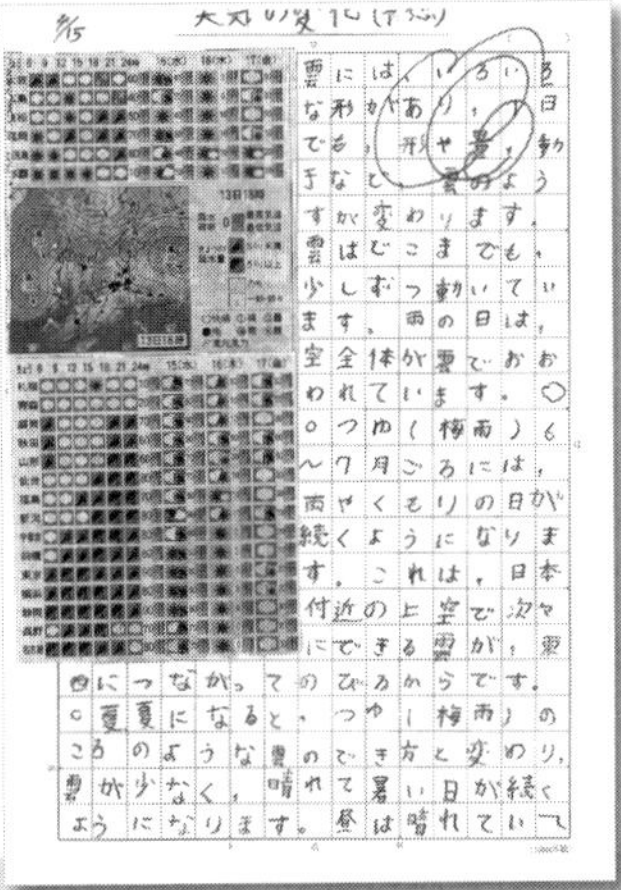

⬆新聞を切り抜いて、天気の移り変わりについて考察しています

⬆国旗など自分の興味のあるものを調べるのもよい勉強です

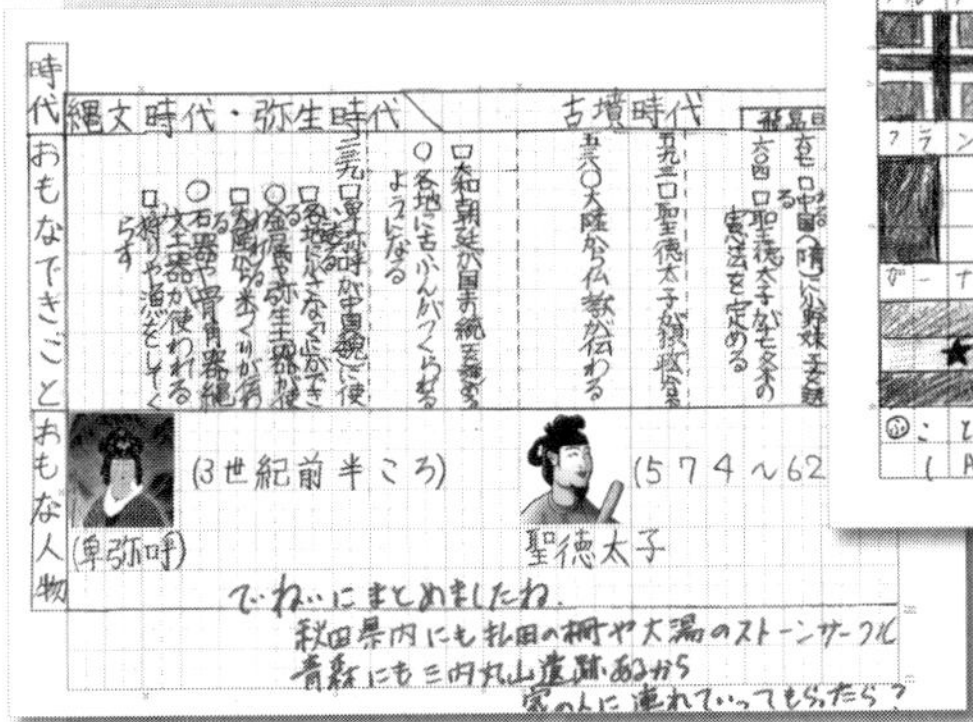

⬆ 年表などはノートを横にして使うと、まとめやすくなります

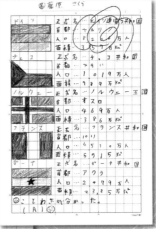

教科書・ドリル・テストを有効活用して学力アップ

①教科書はもっともわかりやすい参考書

≡ お金をかけなくても学力は伸びる

第5章では、子どもたちがふだん使っている教科書、ドリル、単元テストを使って学力アップをする方法を紹介していきたいと思います。

学力をアップさせたいがために、子どもたちにたくさんの参考書や通信教育教材などを買い与える親をよく見ます。そういう子どもたちの多くは、それらを使いこなせずに持てあましたり、進度に遅れが生じたりしています。

このように何をやったらいいかわからなかったり、教材を使いこなせなかったりする状態に陥ってしまった子どもたちにすすめたいのが、教科書など誰でも持っている教材を使った学習です。

≡ 教科書はわかりやすくまとまっている

ぜひ、ご家庭にある子どもたちの教科書を見てみてください。教科書のなかには1年分や半年分の学習内容がとてもコンパクトにまとめられています。そうです。教科書はつまっている学習内容のわりにすごく薄いのです。教科書には学習に必要なことが、過不足なくまとめられているからです。

教科書の内容は、文部科学省が決めた学習指導要領に沿って作られています。ですから、子どもたちは教科書に書かれていることをしっかりと勉強すれば、それで十分なのです。

それなのに、教科書は学校で使うだけというご家庭が多いと思います。これは、とてももったいないことです。ぜひ教科書の良さを理解して、十分に使いこなしてほしいと思います。

≡ 教科書を見れば、「勉強すること」がよくわかる

教師をしていていつも感じていたことは、親はほとんど子どもの教科書を見ていないと

いうことです。みなさんは、子どもの教科書を見ていますか？

私が親御さんにおすすめしたいのは、子どもが新しい教科書を持ち帰ったとき（4月と9月）に学習内容をしっかりと見ておくことです。

これから、子どもたちが1年間や半年を通してどのような内容を学習するのか、何をどのような順番で学習していくのかを知っておいてほしいのです。

学習内容を知っておけば、今子どもたちがどんな勉強をしているかがわかるようになります。そうすれば、日々の学習について声をかけたり、学習についてアドバイスしたりできるようになります。子どもたちの学習をサポートするためにも親御さんは全教科の教科書に目を通してほしいと思います。

≡ノートを見れば、学校の教え方がわかる

ひと通り教科書に目を通したら、今度は子どもたちの苦手な教科の教科書をじっくり読んでみましょう。

教科書には学校で先生が教えるとおりの順番で、わかりやすく学習内容がまとめられて

います。

たとえば、算数の教科書には、わり算の筆算をはじめて勉強するときにはどのように教えるかが説明されています。ですから、もし子どもがわり算の筆算につまずいているようなら、教科書のやり方と子どものやり方を見比べれば、どこでつまずいているかを発見することができるのです。

子どもたちにとって、よくないことは学校での教え方と親の教え方が食い違うことです。**親が自分の子どもの頃に習った教え方をすると子どもが戸惑ってしまう**ことがあります。なぜなら、学校での教え方も年々進歩していて、親が子どもだった頃とはまったく変わってしまっていることもあるからです。

子どもに教えるときにさらにおすすめしたいのは、子どもの授業のノートを見ることです。小学生の子どもたちは、黒板をしっかりと写していますので、先生がどのように教えているかがよくわかります。

教科書を見て、子どもの授業ノートを確認しながら子どもたちのわからないところ、つまずいているところを教えてあげるようにしましょう。

②親用の教科書を購入しよう

≡ 教科書にはさまざまな会社のものがある

教科書には、さまざまな出版社のものがあるのはご存じですか？

どの教科の教科書も、いくつかの出版社が作っていて、そのうちのどれかを市町村の教育委員会が選んで使っているのです。ですから、子どもが使っている教科書は、何社かが作った教科書のうちの一つなのです。当然、国語であれば扱われている題材が出版社ごとに変わっているのです。

「私が子どもの頃に載っていた物語文は今はないの？」と思われた方もいるかもしれません。その場合は、もしかしたら教科書の出版社が別なのかもしれません。

≡ 親用があると、音読にバリエーションができる

私が教科書での学習についておすすめしたいのが、親用の国語の教科書を購入することです。教科書は子どもたちには無償で配られますが、実はだれでも購入することができるのです。購入先は全国教科書協会のＨＰに記載されていますので参考にしてください。

社団法人　全国教科書供給協会　http://www.text-kyoukyuu.or.jp/

では、なぜ親用の国語の教科書を購入してほしいのかというと、子どもといっしょに音読をしてほしいからです。第３章で音読の大切さと、さまざまなバリエーションの音読方法を書いています。

音読は小学生のうちは毎日させたいものです。ですが、毎日同じ文章を音読しているとだんだん飽きてしまいます。そこで親といっしょにバリエーションを変えながら音読をしてほしいのです。

このとき、教科書が一冊しかないと毎回、コピーをしたり、一冊をいっしょに見ることになったり、とても不便です。

教科書が二冊あれば、親子で好きなときに音読をすることができます。教科書の値段は教科によって違いますが、ほとんど数百円で購入することができますので、ぜひおうちに一冊国語の教科書を準備してほしいと思います。

他社の教科書で復習することもできる

音読用に子どもと同じ教科書を購入することをおすすめしましたが、他社の教科書を購入するのもおもしろいでしょう。

国語であれば、先ほども書きましたが、どの出版社の教科書も良文ぞろいです。毎日音読をしていると、だんだん文章に飽きてきますので、他社の教科書を読むのはよい刺激になります。また、好きな文章に出会い、その作者の著書を探して読みはじめるということも考えられます。ぜひ、多くの文章に出会う機会にしてほしいと思います。

国語以外の教科も、他社の教科書を使うことはおすすめです。

ただ、教科書の弱点の一つとして、とてもコンパクトにまとめられているため算数などの問題数が少ないということがあります。そんなときに他社の教科書があると、問題集として使うことができるのです。

参考書などを書店で探しても「どれを選んでよいかわからない」ということがあると思います。その点教科書は、日本のトップレベルの学者さんたちが知恵を絞って作ったものですから安心です。

理科や社会の教科書も、内容のまとめ方が出版社によって違っていますので、他社の教科書を読むだけで別の視点から学習内容を学ぶことができます。

子どもたちの教科書は、地域の図書館にも保存されているはずですから、一度子どもといっしょに見に行ってみることをおすすめします。

③教科書をとことん使ってみる

≡ 繰り返し読むことで記憶力がアップする

では、ここからは、教科書をとことん使う、使いこなし術を紹介していきましょう。まず、おすすめしたいのは、国語の教科書を何度も音読するということです。

音読についてはこれまでも何度もおすすめしていますが、同じ文章を何度も読むことによって、学力アップにつながります。私はできれば何度も何度も読んで、文章を暗唱できるまでになってほしいと思っています。

そうすることで、文章の構成の仕方や、文章表現の仕方、漢字や語句の使い方などを自然に身につけることができます。そして**何度も音読するうちに自然に暗記する力がついてきます。**

それは、言葉を口に出し、それを自分の耳から聞くことができるため、黙読よりも2倍のスピードで覚えることができるからです。

ここで音読する文章の見つけ方にも、ふれておきましょう。

私が担任した生徒のなかで、『大造じいさんとガン』を何度も音読したことで、椋鳩十を知り、著書を読みつくした子どもがいました。子どもは自分の好きな文章ほど覚えやすくなるものです。

ですから、まずは教科書のなかから好きな著者を見つけ、その著作を読んでいくのもおすすめの方法です。

三　なぞり書きをして文字の形を覚える

字をていねいに書くことや集中して学習に向かうことを学ぶのにおすすめなのが、国語の教科書をなぞって書くことです。

しかし、とくに1年生の子どもたちにとって、教科書を手本にしてノートに写して書く「視写」はとても難しいことです。

そういうときは、教科書の「なぞり書き」が効果的です。教科書を濃度をうすめに拡大コピーします。それをやわらかめの鉛筆でなぞり書きをしていくのです。こうしているうちに字の形や文章表現などを自然に学ぶことができます。

教科書は何度コピーしても使えますので、

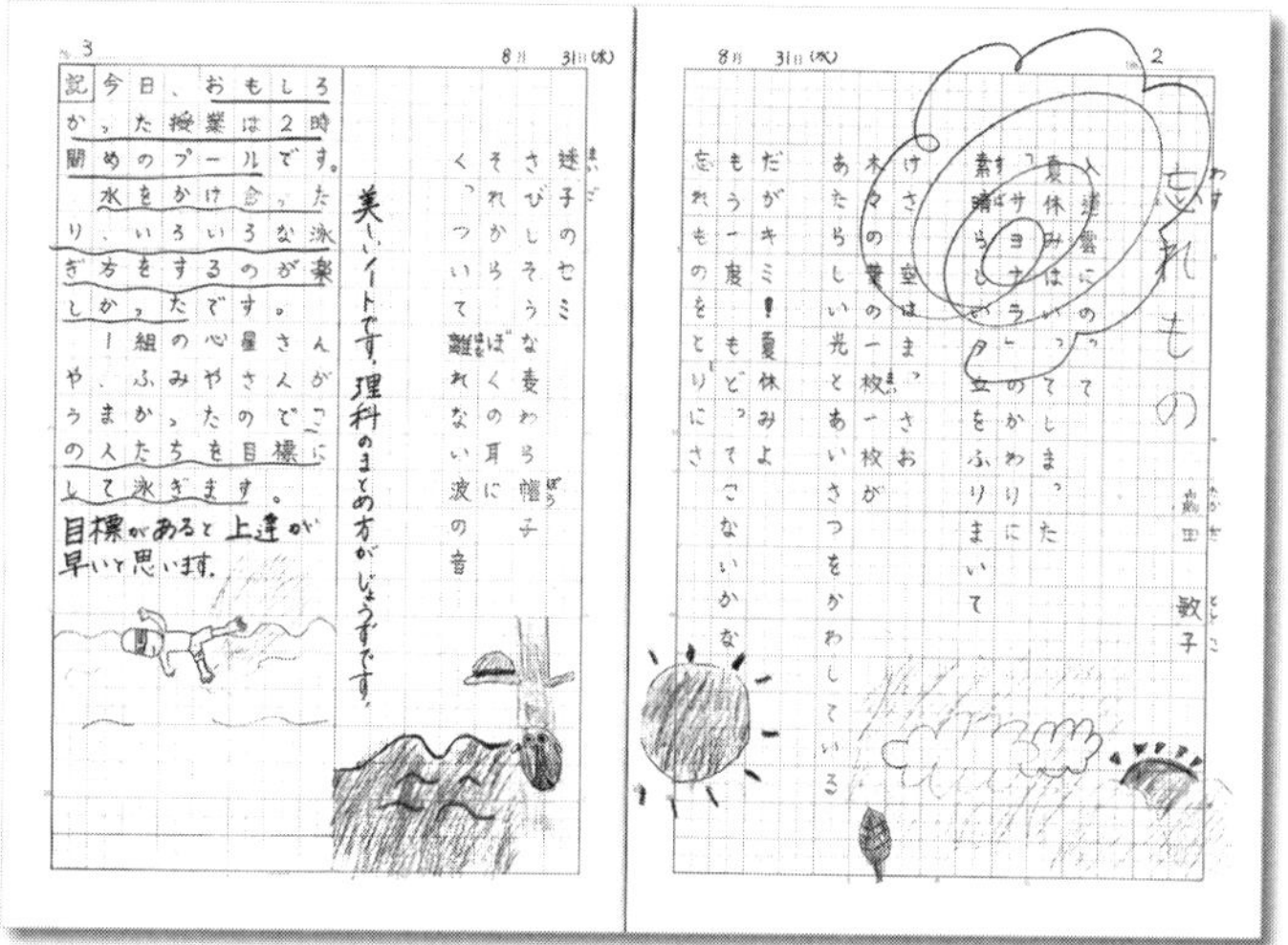

⬆視写は一字一句教科書と同じように、ていねいに書くのがポイント

ぜひ活用してください。

そして、2年生以上になれば子どもたちもようやく視写に慣れてきます。

前ページのものは、6年生の子どもが視写をしたノートです。

視写のポイントは、一字一句教科書と同じように、ていねいな字で書くことです。これをすることで集中力が養われ、文章構成や表現、ていねいに文字を書くことなどを学ぶことができるのです。

三 拡大コピーをして穴埋めプリントを作る

また、教科書はコピーをすると問題集として使うことができます。こちらは理科の教科書を拡大コピーして、穴埋め問題にしたものです。

コピーした教科書の大事なところに修正テープを貼り、（　）をつけるとできあがりです。

これは教師時代にもプリントとして活用していた方法です。

このプリントを一度音読をさせた後に、確かめとして使うのもよいでしょう。理科や社会などは、覚えたい重要語句がたくさんありますので、とくにおすすめです。

教科書は重要ポイントがわかりやすくまとめられていますので、穴埋めプリントもとても作りやすくなっています。

三　写真・図の並べ替えクイズも効果的
（家庭学習ノートに貼る）

ここでも教師時代、授業中によく取り入れていた方法を紹介します。

教科書には、写真や絵などがたくさん載っています。これは子どもたちが考えを整理しやすくなるように掲載されているのです。

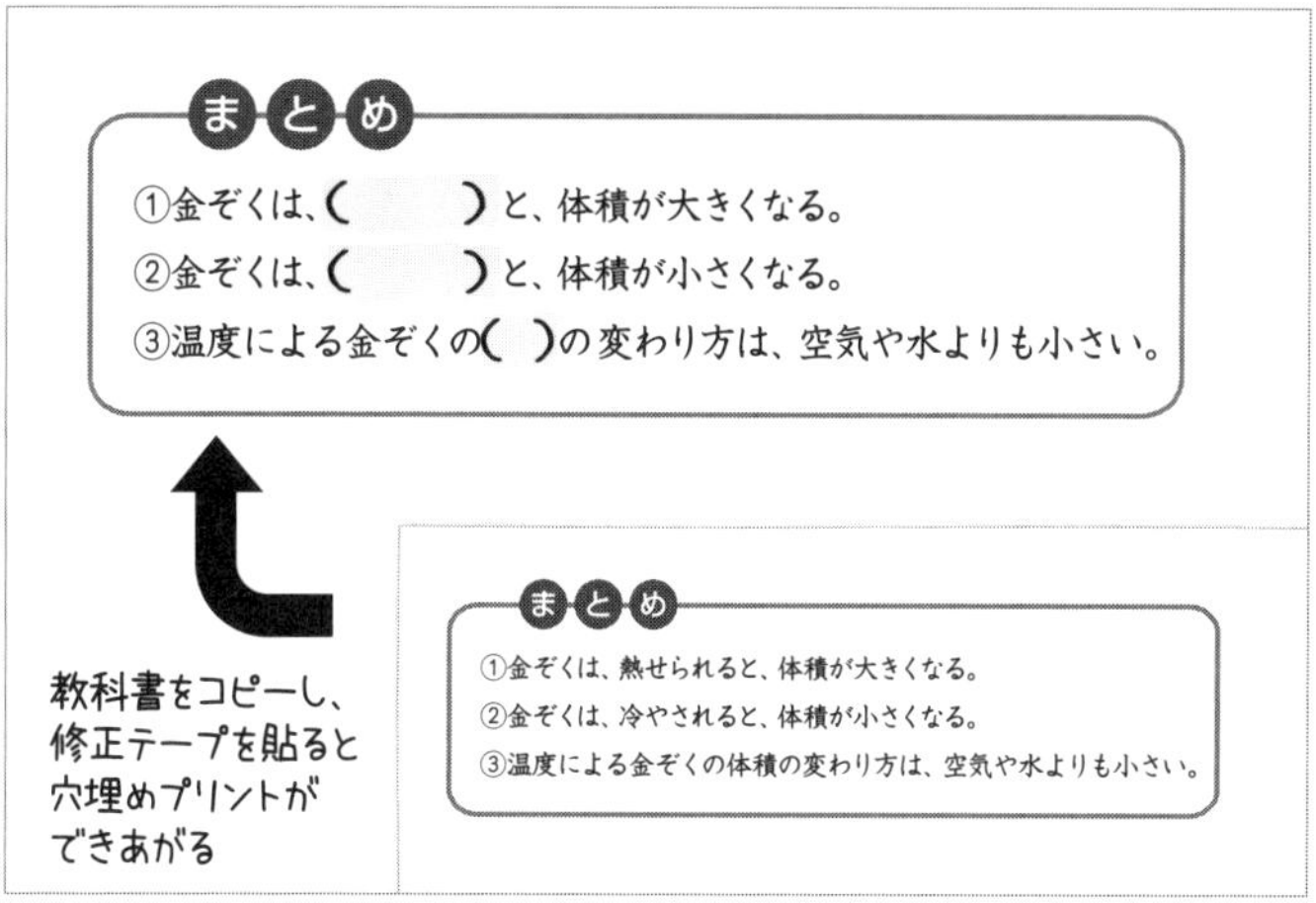

まとめ
①金ぞくは、(　　)と、体積が大きくなる。
②金ぞくは、(　　)と、体積が小さくなる。
③温度による金ぞくの(　)の変わり方は、空気や水よりも小さい。
教科書をコピーし、修正テープを貼ると穴埋めプリントができあがる
まとめ
①金ぞくは、熱せられると、体積が大きくなる。
②金ぞくは、冷やされると、体積が小さくなる。
③温度による金ぞくの体積の変わり方は、空気や水よりも小さい。

この写真や絵を使って、「並べ替えクイズ」をするのも楽しい勉強になります。

たとえば、国語の教科書の物語文をコピーします。そこにある挿絵をすべて切り取るのです。そして「この挿絵を物語の順番に並べ替えてみよう」という問題を出すと子どもたちは喜んで並べ替えクイズに挑戦するはずです。

また、理科の実験の図などでも並べ替えクイズはできます。

これらの切り取った写真や絵は、家庭学習ノートに順番に貼り付けて、その下に説明をつけるようにします。すると、頭のなかで順番が整理され、学習内容を上手にまとめることができるようになります。

写真や絵は教科書のなかでも大切なポイントになることが多いので、それをノートにまとめることは、子どもたちの学習のまとめとしてとても有効です。

④漢字・計算ドリルをとことん使ってみる

≡ 漢字・計算は何度繰り返してもよい

子どもたちは漢字や計算ドリルをやらせると、「ここは1回やったからもういい」ということがあります。しかし、けっしてそうではありません。

知識・技能を習得するための反復練習をするのが、ドリルの目的なのです。木片などに穴を開けるときに電動のドリルを使いますが、一度回しただけでは穴はあきません。何度も回転させることによってやっと穴があきます。同じように漢字や計算のドリルも何度も繰り返すことによって、やっと習得できるのです。

子どもたちが同じ問題をやることを嫌がるようなら、「100点取れたら次のページに行っていいよ」とか「○分以内にできたらここを終わりにしよう」などと声をかけてあげま

⬆ドリルを何度も繰り返すことによって、漢字や計算を習得できるようになります

しょう。

先ほどから書いていますが、漢字や計算の基礎問題は一度できればいいというわけではありません。何度やってもできるように、すばやく正確にできるようになることが、大切なのだということを子どもたちにしっかりと伝えてください。

拡大コピーをしてミニテストに

ドリル学習は、家庭学習でも週に何度かやることになります。ドリル学習のためのモチベーションとして、漢字と計算のミニテストを実施することがおすすめです。

ミニテストをするときに一番簡単な方法は、漢字ドリルや計算ドリルをコピーしてテストにする方法です。

ミニテストは、漢字は水曜日、計算は金曜日というように実施する日を固定すると子どもたちも家庭学習の予定を立てやすくなります。

ミニテストはまったく練習せずにやっても意味はありません。必ず何度か、家庭学習で練習をさせて、満点を取るつもりで受けさせましょう。

また、ミニテストはファイルなどに保管して、「100点を取ったら金シール」などと、ごほうびをあげると子どもたちの励みにもなります。金シールがたくさんたまると、練習して覚えたことが目に見える形でわかるようになります。

ぜひ、練習の成果を試す形でミニテストを実施してほしいと思います。

三　最後は直接ドリルに書き込んでみる

漢字・計算のドリルは、何度も繰り返し練習するため、ノートに写して学習することになります。

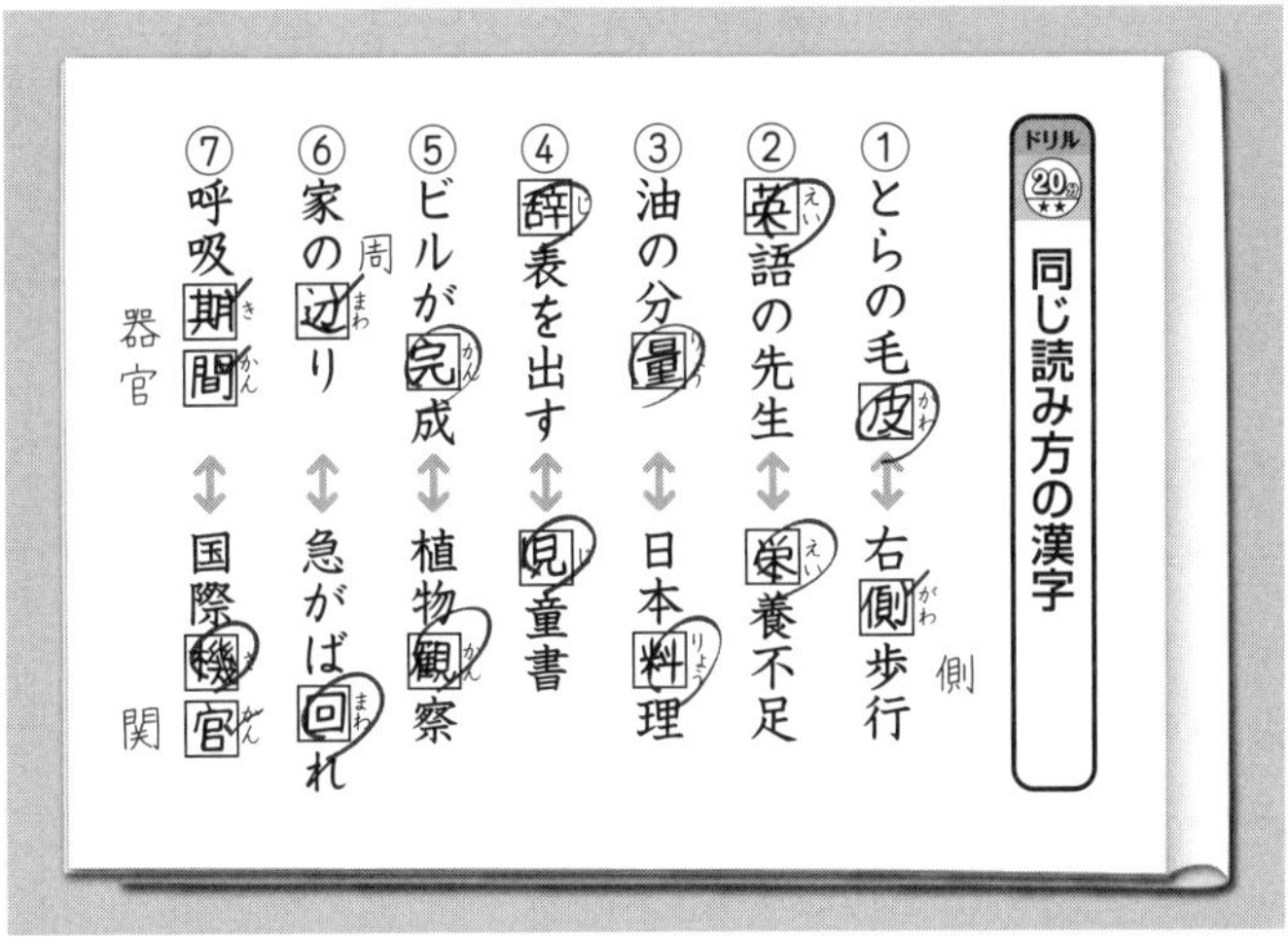

⬆ドリルは最後に親が学習内容をチェックして、きちんとまとめてあげましょう

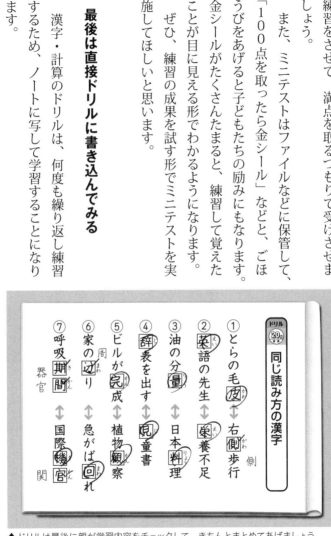

しかし、ドリルが新しいものに切り替わるときには、直接ドリルに書き込んで練習させましょう。いつもノートに写して学習している子どもたちは直接ドリルに書き込むのを楽しみにしているはずです。ですから、意欲的にどんどん練習していくことでしょう。

ドリルは、最後までしっかり書き込ませると達成感があるものです。最後までしっかりできたら親が見て、コメントを書いてあげましょう。表紙などにシールを貼ってあげてもよいと思います。

子どもたちの頑張りをしっかり認めてあげることが、次の学習の意欲につながるのです。

⑤学校のテストを使って学力を伸ばす機会にする

≡ テストはきちんと準備をしてよい点数を取らせるもの

小学校では一つの単元ごとにテストを行なっています。カラーでプリントした大判のテストです。私は小学校の教師時代、子どもたちにできるだけよい点数を取らせたいと考えていました。それは、よい点数を取ることが自信につながり、次の学習の励みになると考えていたからです。

そのため、テストの前には期日を予告し、宿題を出したり、授業中に復習をしたりしてからテストを受けさせていました。

ただ、中学校とは違い、小学校ではテストの順位が出たりしませんから、ふだんのテストに対する真剣味は、ほとんど感じられませんでした。

しかし、これはとてももったいないことです。テストを目標に復習をしっかりとして、よい点を取って次の学習へのモチベーションにするのは、とてもよい学習のサイクルになるからです。学習の節目としてテストを強く意識して、日々の学習に活用することはとても有意義なことなのです。

≡ テストがいつあるか把握する

私は教師時代に必ず、テストの期日を予告していましたが、他のクラスでは予告する先生は少なかったようです。もし、お子さんのクラスでテスト日を予告しないようでしたら、PTA学級懇談のときなどに先生に予告するよう頼んでみるのもよいかもしれません。

もし予告することが難しい場合も、だいたいのテスト日を予想することができます。単元テストはその名前のとおり、一つの単元が終わったら、そのまとめとしてテストをします。ですから、だいたい一つの単元が終わりそうになったらテストがあると考えておけばいいでしょう。

そして、テストの前には必ず学習内容を復習して、テストに備える習慣をつけるようにしましょう。

テストやドリルは教科書をもとに作られている

では、テスト対策の仕方について書く前に、テストがどのように作られているかについて解説していきましょう。

そもそも教科書は、文部科学省が告示する教育課程の基準である学習指導要領に沿って、いくつかの出版社によって作られています。そして、小学校で行なわれる単元テストは、その学校で使っている教科書の内容にあったものが使われているのです。

⬆国語だけでなく、理科・社会・算数の教科書を音読すると、点数アップにつながります

簡単にいうと、今使っている教科書からテスト問題はできているのです。これはテストだけでなく、漢字と計算の繰り返しドリルも教科書をもとに作られています。

ですから、単元テスト対策をするときにもっとも有効な手段は「教科書をしっかりと復習する」ことになります。

⑥教科書とドリルでテスト対策をしよう

≡ 全教科の教科書を音読する

ここからは、単元テスト前の対策について書いていきましょう。

先にも書いたように、教師も親と同じように、子どもたちに「テストでよい点数を取らせたい」と考えています。したがって、私も教師時代にはテスト前に、学習内容の復習をしました。

そのときに一番有効だったのは、「教科書の音読」です。「テストは教科書からできている」と書いたようにテストの出題元を効率的に復習できるのが、教科書の音読なのです。

音読というと、どうしても「国語の教科書を読む」ことを想像しますが、国語・算数・理科・社会の四教科すべての教科書を音読します。むしろ、**音読が点数のアップにつながりやすいのは、理科と社会**です。ですから、理科と社会の教科書はテスト前にしっかりと音読するとよいでしょう。

音読するときは、大きな声ではっきりと読みます。ぼそぼそと小さな声で読んでいると効果は半減します。**読んだ声が自分の耳ではっきりと聞こえるくらいの声で読むことが大切**なのです。

≡ 理科・社会では学習範囲をノートにまとめよう

理科と社会の教科書の復習でもう一つ効果的なのは、「まとめノート」を作ることです。

テスト範囲の教科書と授業内容を自分なりに要約してみるのです。
まとめノートも、もちろん家庭学習ノートのなかに書くとよいでしょう。教科書をまとめることのよい点は、そのことで学習の要点がわかること、そして、後からそのノートを見直して復習ができることです。

ここではまず、理科のまとめノートを紹介します。
このノートでは、「てこのはたらき」についてまとめています。理科では、実験の仕方や植物や動物などの実物が多いので、図や表でまとめるとわかりやすくなります。そのとき、効果的に色を使うとよりわかりやすいノートになります。

社会科では、地理や歴史など「どうしてそうなったのか」という流れを大切にしてノート作りをするようにしましょう。社会科には覚えなければいけない重要な用語がたくさん出てくるので、それらを赤字などで記入しておくと大切なところを復習しやすくなります。

理科も社会もノートを作るときは、授業中に先生が話していたことや自分で気づいたこ

➡理科は効果的に色を使うと、よりわかりやすいノートになります

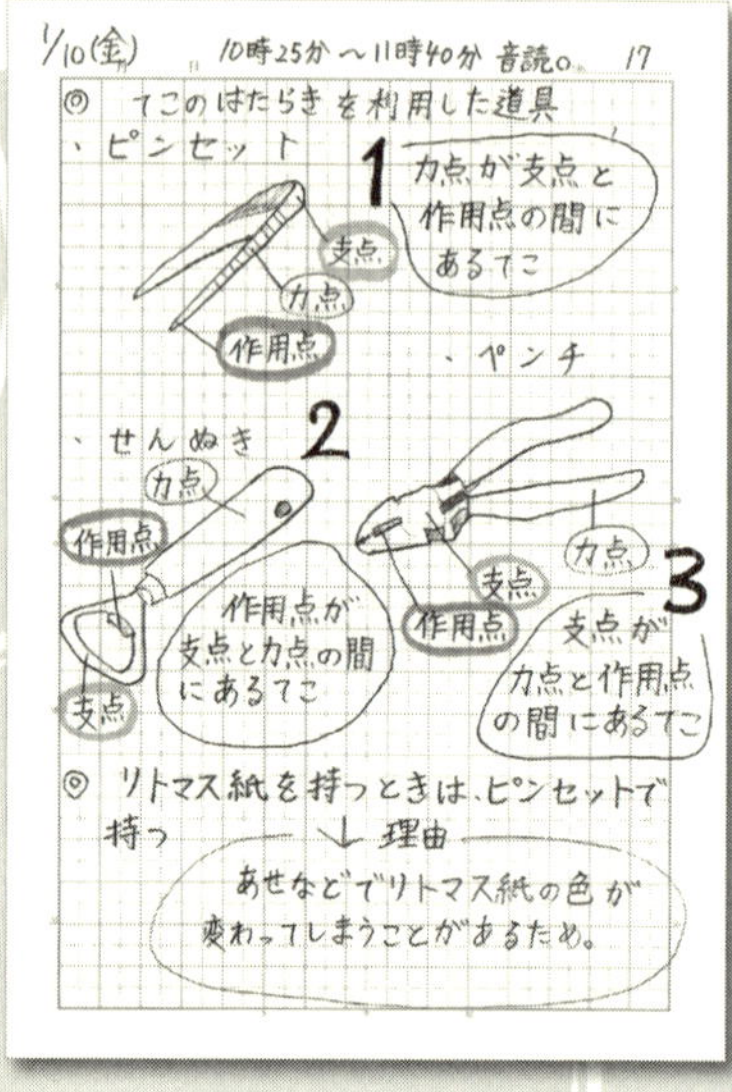

⬇社会では「どうしてそうなったのか」という流れを大切にしてノート作りをしましょう

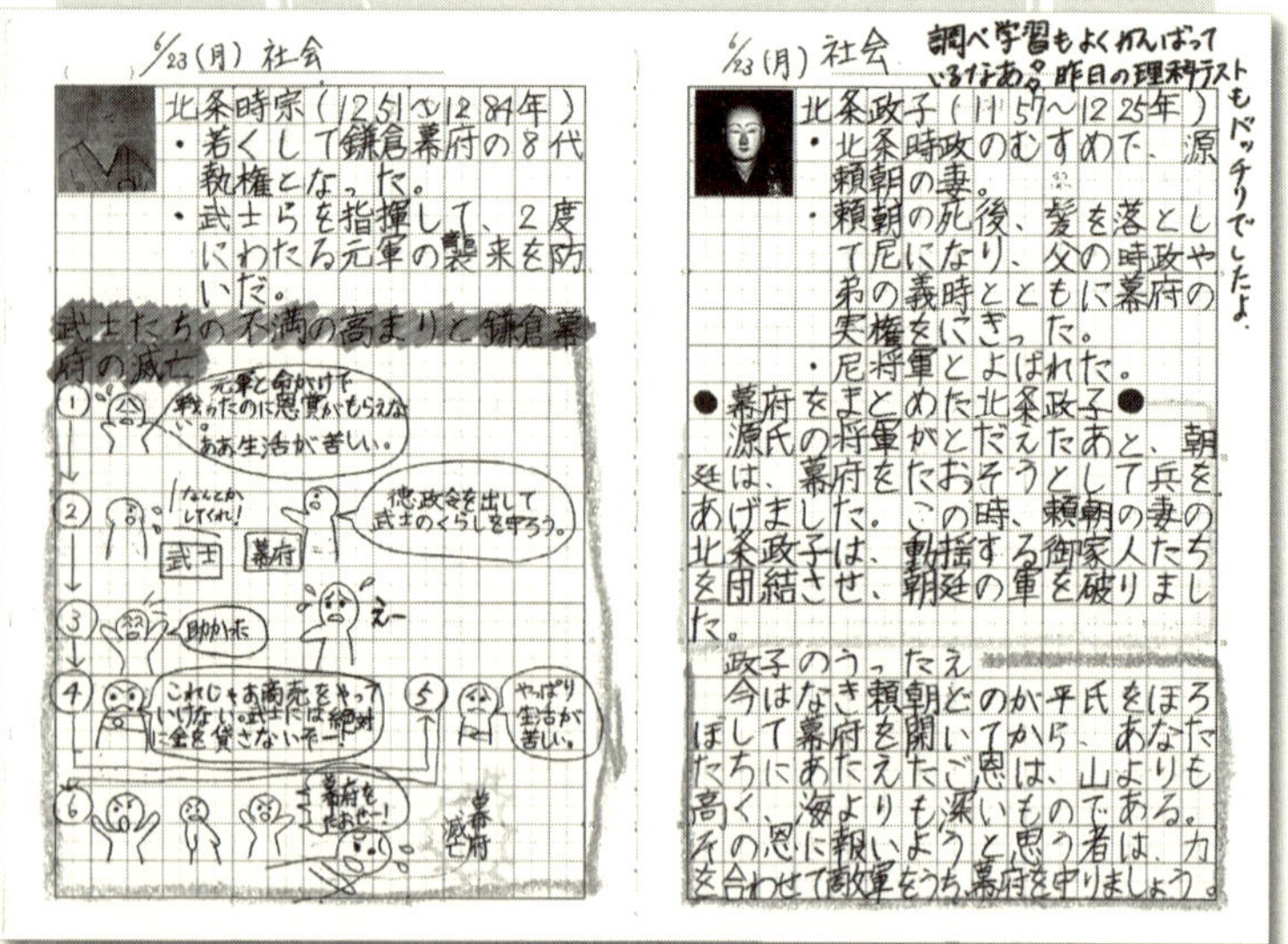

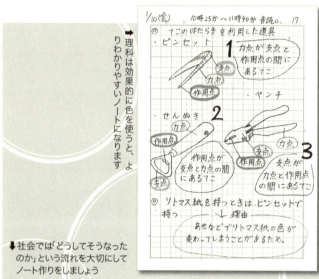

となどを記入していくと、さらにわかりやすい、オリジナルなノートになります。

≡ テスト前日には、教科書問題を解いてみよう（一問一答クイズも）

教科書を中心にした復習をしっかりとしたら、テスト前日には教科書問題を解いてみましょう。教科書問題は先に書いたような、穴埋め式問題がおすすめです。範囲全体から出題できるとよいでしょう。穴埋め問題は、できなかったところも教科書を読めば、すぐに答えがわかります。間違えてしまったところを中心に、音読を繰り返しましょう。

また、穴埋めテストのほかにも、親が教科書から問題を出す、「一問一答クイズ」も効果的です。

「水は熱せられると目に見えない何に姿を変える？」とか「世界でもっとも古い木造の建築物はどこのお寺？」などと親が教科書を見ながら問題を出してあげるのです。こうすると子どもは喜んで問題に答えます。

もちろん正解していたら、大きなリアクションでほめてあげましょう。そうするとさらにやる気を出して問題に取り組むはずです。

このように、テスト前には音読、まとめノート作り、教科書クイズなどテスト対策を十分にして、ぜひテストではよい点数を取らせて自信につなげてほしいと思います。

≡ テストプリントで、テストの受け方を練習する

テストの前にしっかり復習をして、内容を理解しているのに、よい点数を取れないということがあります。その場合は、「テストの形式に慣れていない」ということが考えられます。問題を読むのに時間がかかったり、できない問題に時間をかけすぎてしまったりということです。

そんな子どもには、次の問題集がおすすめです。

『テストの点が上がる練習テスト』（陰山英男著・学習研究社）です。

テストで点を取るにはコツがあります。この問題集は、陰山先生が徹底分析し、国語・算数・理科・社会を30の単元に分けてテストプリント化したものです。

一つの単元で裏表2枚のテストがあり、これを本番のテスト前に行なうとよいリハーサ

ルになります。もちろん内容的にも教科書をもとに作られていますので、テスト範囲の勉強にもなる優れものです。

このテストプリントをするときの注意は、本番のテストと同じようにやるということです。本番のような緊張感のなかでやることでテストの受け方が身につくのです。テストは、小学校だけでなく、中学校、高校と続いていくものです。ですから、テストの形式になれるためにテストの受け方を練習することはとても大切なことなのです。

この問題集は1冊あると1年間使えるのでとてもおすすめです。

⑦テストは家庭学習ノートに間違い直しをしよう

≡ 間違えた問題は教科書を見直す

テストが戻ってきたら、きちんと内容を見直し、間違い直しをすることが大切です。このときも間違えた問題について、書かれている部分の教科書をしっかりと読み直しましょう。

テスト結果が出た直後は、「よい点数が出てよかった」とか「もっとよい点数がとれたはずなのに」などテストの点数に目がいきがちです。しかし、大切なのは間違えたところ、わからなかったところを見直して、しっかりと身につけることだと教えましょう。

テスト直しでおすすめの方法は、**テストの間違えた問題をコピーして家庭学習ノートに貼り、やり直しをしてみる**ことです。こうすると間違えた問題、苦手な問題が家庭学習ノートにストックされていくのです。少し期間を空けて、間違えた問題を復習することもできます。

また、ノートに貼られた問題を見ると、自分が間違えやすい問題の傾向も見えてくるはずです。ぜひ、テスト直しのときに活用してほしいと思います。

≡ 類似問題をドリルでやってみる

テストで間違えたところは、やり直すだけでなく類似問題をやってみることも大切です。

算数のテストでは、教科書は問題数が少ないので、同じような問題を繰り返しドリルで復習することが大切です。

先にも書きましたが、ドリルもテストも教科書から作られています。ですから、類似の問題が必ず載っているのです。テスト直後は子どもたちのモチベーションも高いので、その間に繰り返し問題を解かせるようにしましょう。計算力を身につけるコツは、一度できたと思っても、すらすらできるようになるまで、さらに何度も繰り返すことです。

理科、社会については、まとめノートを作っているはずなので、間違えたところはまとめノートに書き込むようにしましょう。必ず覚えなければいけないことは、赤などの色をつけて書いておくと、よいでしょう。

テスト直しをしっかりとすることで、テストを受けるだけでなくテストの内容からも学習することができます。

このように、テストにはしっかりと勉強して向かい、テスト後にきちんと見直すことが大切なのです。

満点のテストをファイリングしておく

テストが戻ってくると、親は間違えた問題に、つい目がいってしまいます。たとえば、90点を取っても間違えてしまった10点に文句をいってしまうのです。

しかし、子どもたちはそれなりの覚悟でテストに向かい、親がいう前に間違えてしまった10点のことを十分に悔やんでいるはずです。

ですから、親は子どものテストを見たときには、取れなかった10点よりも取ることができた90点のほうに目を向けるようにしましょう。

取れた点数に目を向けると、子どもたち

100点ファイルを作って、がんばった子どもをほめてあげよう

をほめる材料がたくさんあるはずです。一枚テストが帰ってきたら必ず一つはほめるようにしましょう。

最後に子どもたちのテストへのモチベーションを上げるとっておきの方法をお知らせしましょう。それは、「100点ファイル」を作ることです。

100点ファイルに入れるテストは、単元テストだけでなく、漢字や計算などのミニテストも入れるようにします。100点を取ってきたら「よかったね、また100点ファイルに入れておけるね！」と子どもたちに声をかけてあげましょう。

「でも、100点なんて取ってくることがない」という親御さんもいるかもしれません。もしそうなら、ミニテストでもよいから全力で、子どもが100点を取れるように協力してください。ミニテストなら、しっかりと復習をすれば100点を取ることはそれほど難しくないはずです。

子どもは親からほめられることが何よりもうれしいのです。ですから、ぜひ親も協力して子どもをほめる機会を数多く作ってほしいと思います。

第6章

こんなときどうするQ&A

Q1 忘れ物が多くて困る

A 忘れ物を学校に届けない

忘れ物が多い子どもはどの学級にもいるものです。忘れ物が多い子どもの特徴は、「忘れ物をしないようにする」という気持ちが足りないことです。

私の学級には忘れ物係がいて、学級名簿に忘れ物をしたらその数をチェックしてくれていました。それによると、多い子どもは1日に2～3個も忘れ物をするのです。

しかし、いくら注意してもメモをするわけでもなく、「明日は必ず持ってきます」というだけです。

当然のように、次の日も忘れ物をしますが、休み時間にこっそり家に電話（学校の公衆電話で）をかけて、親に届けてもらうのです。このような子どもが全校で数名いました。

このような状態では、いくら忘れ物を注意したところで改善されることはありません。

当然、親には「忘れ物はけっして届けないように」と連絡しました。

■きちんとメモを取らせる

忘れ物の多い子どもには、まずメモを取らせることから始めます。たいていメモ帳は準備していませんから、まずは家庭でメモ帳を準備してあげましょう。

メモ帳に書くようになっても、はじめのうちはメモを見る習慣もないと思いますので、親が「今日準備するものはないの？」と声をかけてあげるとよいでしょう。

また、学校の先生に相談するのもよいでしょう。「忘れ物が多くて困っています。メモ帳を持たせたので、メモをするようにときどき声をかけていただけませんか？」とお願いすれば、快く引き受けてくれるはずです。

■家に帰ったらランドセルの中身を全部出す

忘れ物の多い子どもの特徴として、時間割に合わせて持ちものをそろえていないことが多いです。ランドセルのなかに全教科の教科書とノートを詰め込んで、毎日それを持ってくるのです。

学校で渡したプリントなども、ランドセルに入れたままになっている子どももいます。

このような子どもにおすすめしたいのが、「家に帰ったらランドセルの中身を全部出す」ということです。

中身を全部出すと、丸まったプリントやテストなどが出てくるかもしれません。全部出してから、プリントなどを親に提出し、自分で時間割に合わせて持ちものをそろえるのです。まずはここから始めるのがよいと思います。

忘れ物をすると、自分の勉強が遅れてしまう原因になります。しかも、教科書を隣の子どもに見せてもらうなど、まわりにも迷惑をかけることになりますので、すぐに対策を取るようにしましょう。

Q❷ 子どもが傷つきそうで厳しく叱れない

A 叱られる経験を積ませる必要がある

近年、「子どもがいうことを聞かないので先生に厳しく叱ってほしい」という親が目立つようになりました。子どもをしっかりと叱れない親が増えているのです。

これには最近の「子どもはほめて育てるもの」という風潮も大きく関係しているのかもしれません。

たしかに、子どもを育てるときには大いにほめてあげることが大切です。ほめることで子どもは自信を持ち、大きく成長するからです。

しかし、同時に大切なことは「よくないことをしたときにはしっかり叱る」ことです。子どもは未熟な存在ですから、よくないことをすることは当然あるからです。

では、どんなときに叱るようにすればよいのでしょうか。

■叱るときは、約束を守れなかったとき

私は学級担任をしていたころに気をつけていたことは、「感情的に叱らない」ということ

です。命に関わるような危険なことをしていたとき、まわりの友達の気持ちを踏みにじるようなことをしたときには、感情的に叱ることも必要ですが、それ以外ではできるだけ冷静にしっかりと叱りたいものです。

冷静に子どもを叱るためには、親が叱るときの基準を持っておくことが必要です。私の場合は、学級担任になったときに「約束したことを守れなかったときは叱ります」と宣言しています。

どのような約束をするかというと、「危険なことはしない」「約束は破らない」「友達に意地悪をしない」などです。このようなシンプルな約束を作っておいてそれを守れなかったときにそのことについて叱るようにします。すると、冷静な態度で子どもに接することができるようになります。

■人格を否定しないで、愛情を持って叱る

子どもを叱るときに注意してほしいことがあります。それは、「人格を否定するような叱り方をしない」ということです。

感情的に叱らず、次にどのような行動をとればよいかを考えさせよう

たとえば、いくらいっても宿題を忘れてしまう子どもがいたとします。

その子どもに「だからあなたはダメなのよ。そんな子どもに育てた覚えはありません」などと宿題から離れ、子どもの人格すら否定してしまう親がいます。これでは、叱られた子どもも次にどうしてよいのかわかりません。

このようなときは、「どうして宿題を忘れたの？　忘れないように何をするんだった？」となぜ忘れたのか原因を聞きましょう。そのうえで、どうしたら宿題を忘れずに提出できるのかをもう一度確認しましょう。

親だからといって、子どもの人格を否

定するような叱り方をしてはいけません。よくないことをしたときは、その行為を叱ります。そして次にどのような行動を取ればよいのかを考えさせることが大切なのです。

Q❸ 学校に行きたくないという

A まず理由を聞いてみる

長い小学校生活のなかでは、何度か「学校に行きたくない」といいだすことがあるかもしれません。そういうときは、親はパニックになるのではなく、まずは冷静にその理由を聞いてみることです。

「どうして学校に行きたくないの？」と率直に聞いてみましょう。

その理由として「○○君が意地悪をするから」とか「跳び箱運動が苦手で、みんなに笑われそうだから」「先生が怒るのが怖いから」「宿題を忘れたから」などさまざまなことが考えられるでしょう。

もし、このように理由を話してくれたなら、まずは子どもを励まして学校に行かせるようにしましょう。

学校を休むことは簡単ですが、「行きたくない」と思ったときには「すぐに休める」という考え方になるのは困ります。ですから、行きたくないといった当日は、何とかなだめて学校に行かせるように気持ちを変えさせましょう。

■理由しだいでは、すぐに担任に相談する

何とかなだめて学校に行き、もう「行きたくない」といわないような場合はよいですが、理由が友達や先生に関することだったり、学習内容についてだったりするような場合は、学級担任に相談することをおすすめします。

私が生徒指導を担当しているときに、あるクラスで「先生が怖くて学校に行きたくない」という子どもが数名いました。よくよく事情を聞いてみると、その子どもたちは直接担任に叱られたわけではありませんでした。他の子が厳しく叱られる様子を見て怖がっていたのです。子どもたちが学校に行きたくなくなる理由はさまざまなのです。

また、行きたくない理由をどうしてもいわないこともあります。

このように、休みたい理由がわからないときも、まずは担任に相談するのがいいでしょう。そして、できるだけ学級担任と連絡を密に取り、学校での様子を観察してもらうようにしましょう。

■月曜日や休日明けに休みたがる子どももいる

一方で、明確な理由がなく学校を休みたがる子どももいます。たとえば、月曜日や祝日明け、夏休み、冬休み明けなどに学校に行きたくないというパターンです。

このようなパターンで行きたくない場合は、生活習慣が乱れているということが多いのです。休みの日に夜遅くまでゲームをしていたり、テレビを見ていたりして、朝起きるのが辛くなるのです。もし、このような理由で「休みたい」というのであれば、休日の過ごし方を改善する必要があるでしょう。


そもそも学校の学習内容は楽しいことばかりではありません。子どもにとって辛いこともたくさんあります。そのときについ、学校に行きたくなることは誰にでもあることなのです。ただ、学校はできるだけ休ませないでください。休むときは簡単でも、続けて休むうちにどんどん学校に出にくくなります。それが不登校につながることもあるのです。

ですから、**子どもが「学校を休みたい」といったときは何らかのサインが含まれている**と考えて、学級担任と協力して素早く対応するようにしましょう。

Q④ 片づけができない

A よいクラスは片づけが行き届いている

私が教師をしていていつも感じていたことは、よいクラスは片づけが行き届いているということです。私が教師をしていた頃は、週番で学校のなかの見回りをしていました。すると、いつ見回っても机が整頓されていてゴミ一つ落ちていないクラスと、ゴミが散乱し雑然としたクラスがあるのです。

これらのクラスの様子を見てみると、整理整頓されているクラスは子どもたちが毎日楽しそうで、落ち着いて授業を受けているという印象でした。

そのことに気づいてからは、私は子どもが掃除をして帰った後、自分でも仕上げの掃除をするようにしました。すると、子どもたちもだんだん、教室を散らかさないようにていねいに使うようになってきました。

■大切な場所は誰でもキレイにしたい

ちょっと不思議な感じがするかもしれませんが、これは本当のことです。人間には大切な場所はキレイにしておきたいという本能があると思います。逆にいうとキレイにしているとそこが大切な場所になり、さらに整理整頓をするというよい流れを作ることになると思うのです。

ようするに、自分の部屋を片づけられない子どもは、片づけをすることの良さや自分の部屋の大切さに、まだ気づいていないのだと思います。

■まずは親が実践してみる

では、片づけをするとどんなよいことがあるのでしょうか？

まずは、気持ちよく集中して学習することができるようになります。そして自分のいる空間が好きになり、大切になるのです。ですから、この良さを子どもたちに感じさせることが大切です。

そのためには、親が家のなかで片づけを実践してみることから始めましょう。リビングや玄関が散らかっている家は、同じように子どもの部屋も散らかることが多いからです。

次に、最初は子ども部屋を、子どもといっしょに片づけて整理の仕方を教えてあげましょう。第2章にも書きましたが、片づけの基本はたった三つ。「しまう場所を決める」「使ったら戻す」「いらないものは捨てる」です。最初は、シンプルにこの三つでよいと思います。いっしょに作業をしながら、片づけ方を教えてあげてください。

そして、ときどき部屋の様子を見ながら、散らかってきたら片づけをさせるのです。

はじめのうちは、片づけてもすぐに散らかってしまうでしょう。しかし、そこで親が片づけをしてあげるのではなく、片づけさせることが大切です。これは一朝一夕にはできないことですので、少し長い目で見て根気強く指導していきましょう。

Q⑤ 字がとても汚い

A 姿勢、鉛筆の持ち方、書き順をチェック

字が汚いというのには、二つのパターンがあります。一つは、雑に書いているということです。ていねいに書かなければならない場面では、ていねいに書くこともできるのです。ようするに、ていねいに書けるのに、雑に書いているのです。

このような子どもは、「どうしてていねいに書かなければならないのか」をわかっていません。字は、自分の考えや思ったことを表現するための手段です。字がその人を表わすともいわれるくらいです。ですから、その大切さを子どもにきちんと教えることです。

もう一つのパターンは、物理的にきれいに書けない形になっている場合です。書くときの姿勢が悪かったり、鉛筆の持ち方がおかしかったり、書き順が違っていたりして形が整

わないのです。この場合は、ていねいに書こうと思っても、なかなか整った字を書くことはできません。

■直すという信念を持つ

今、「字が汚い」原因を二つあげましたが、どちらについても大切なことは、できるようになるまで根気強く指導をするということです。学習をするたびに、ていねいに書けていなかったらやり直しをさせるのです。最初のうちは子どもも面倒くさがって、いうことを聞かないかもしれません。

そのときには字をていねいに書くことの大切さを教えて、しっかりとやり直しをさせるようにします。それほど子どもにとって、字をていねいに書くことは大切なのです。

■視写をする

字を雑に書いてしまう子ども、物理的にうまく書けない子どもの両方に有効な練習法を紹介しましょう。

それは、「視写」です。この本のなかでも何度か紹介していますが、国語の教科書の文章などをそのままノートに写すことです。

学校でも書き方や視写を取り入れています。子どもたちは、字をていねいに書くことにだけ集中して取り組ませると、驚くほどきれいな文字が書けるものです。そして、きれいな字が書けたときには目一杯ほめてあげましょう。それを繰り返すことで、子どもたちも字をていねいに書くことの大切さを感じるようになるはずです。

とくにうまく書けたものは、作品として額などに入れて飾ってもよいと思います。子どもたちのよい励みになると思いますよ。

Q⑥ 入学までにどの程度学習させるとよいか

A 30分は座って学習できること

1年生になるまでにどの程度勉強させるかについては親なら誰しも悩むところです。しかし、教師にしてみると、学習内容を理解していることよりも、しっかり学習ができる態勢が整っていることのほうが重要なのです。小学校では、1時間の授業は45分間です。その45分間をじっと座って学習するのは、1年生にとっては簡単なことではありません。ですから、家庭で準備をするなら学習内容よりも、まずは、30分は椅子にしっかり座っていられること、正しい姿勢を保つことを練習させてほしいと思います。

■大きな返事ができること

次にできるようになっていてほしいことは、名前を呼ばれたら大きな声で返事をすることです。はじめはなかなか大きな声を出すことができないかもしれません。

私が1年生を担任したときは、大きな声を出す練習をしていました。具体的には全員を体育館に連れていってステージに立たせて、順番に自分の名前をいわせるのです。

まずは、私は子どもたちの近くに立って名前をいわせます。それから、徐々に子どもたちから離れていって、最終的には体育館の後ろまで離れても聞こえるように名前をいわせるのです。

家庭ではこのような距離はとれないかもしれませんが、部屋の端から端まで聞こえるくらいの大きな声で、自分の名前、あいさつ、返事くらいはできるようにしておくとよいでしょう。

■ひらがな、数字を正しい書き順で書ける

最後に学習内容にもふれておきましょう。基本的に一年生の学級担任は、何もできないものとして子どもたちを迎えていますので、とくに勉強の準備をしていなくても問題はありません。

ただ、「30分は座っていられるように」と述べましたので、そのときにぜひ学習としてやってもらいたいことをあげておきます。

まずは、ひらがなをしっかりと書けるようにすることです。ひらがなはバランスを取るのがなかなか難しいので、なぞり書きから始めるのがよいでしょう。ひらがなを書く練習帳は文具店や書店にたくさん売っていますので、そのなかから使いやすそうなものを選ぶ

とよいでしょう。ひらがなを練習するときの注意は、書き順を間違えないこと。書き順どおりに書くと字は形が整うようにできていますので、間違った書き順を見逃さずに注意してください。

また、見逃されがちですが、数字にも書き順があります。数字もひらがな同様、書き順どおりに書くと形が整うようになっていますので、ぜひ正しい書き順を覚えさせてください。

Q⑦ いつまで読み聞かせをしたらよいですか

A 読み聞かせは字が読めるようになるまで

1・2年生の子どもたちは、読み聞かせが大好きです。私が勤務していた小学校には、読み聞かせのボランティアが来てくださっていましたが、子どもたちは、その訪問を楽しみにしていました。まだ字をうまく読めない子どもたちにとっては、本の世界を知るには読み聞かせが一番なのです。

しかし、高学年になるとなかなか読み聞かせに集中できなくなります。それは、字が読めるようになってくると読み聞かせのスピードよりも速く、自分のペースで本を読みたくなってくるからです。これは自然なことです。ですから、私は自分で字を読めるようになったら（難しい漢字は読みとばしてもよい）、読み聞かせはやめて自分で本を読ませるようにしてほしいと思っています。

もし、読み聞かせをしないと寂しい（笑）ようでしたら、いっしょに読書をすることをおすすめします。家庭のなかに読書の雰囲気を作ると、子どもも本好きになるようです。ぜひ実践してみてください。

■小学生のあいだは音読をさせよう

読み聞かせを卒業した子どもたちには、ぜひ音読をさせてほしいと思います。音読の効果についてはこの本のなかで何度も書いているとおりです。音読をするのは、教科書でもよいし、ふだん読んでいる本でもかまいません。

中学校になると、「音読なんてやりたくない」というようになります。ですから、小学校のうちにできるだけ音読をしてほしいのです。

音読をすると先述しているように暗記力がついたり、文章の理解力がついたりします。でもそれだけではありません。音読をさせることで、どの程度子どもが読めるのか、アクセントはおかしくないかなどについて、親が確認できるのです。

子どもたちは、年を重ねるにつれて音読から、黙読に移行していきます。それでも、できるだけ音読する期間を延ばしてほしいと思います。それほど、音読は有効な学習方法だと断言できます。

Q⑧ 習いごとはさせたほうがよいですか

A 習いごとをする理由を考えて

「習いごとはさせたほうがよいですか」と聞かれることがありますが、これはとても答えにくい質問です。たとえばプロの選手をめざすためにゴルフを習わせたいのか、将来恥ずかしくない、りっぱな字を書けるようにするために習字を習わせたいのかなど、目的によっても違うからです。

子どもがやりたいと思っているか、子どものために親がやらせたいと思っているのかをしっかりと見極めて決めるのがよいと思います。

ただ一つ、習いごとについて注意してほしいことがあります。それは、親がやっていたことを子どもにやらせるということです。たとえば、親がピアノを習っていたからピアノを子どもに習わせる場合があります。ピアノができると将来楽しいからとか、音感を養いたいとかそのような理由ならよいのですが、「自分が音楽家になれなかったから、子どもをピアニストにしたい！」という理由で始めるのはあまり感心できません。

そのような理由で始めると、親の思いが強すぎて子どもに練習を無理強いしたり、子どもが負担に感じたりすることがあるからです。

■本当に好きなものだけでよい

では、習いごとはいくつくらいさせるのがいいのでしょうか。

私は、習いごとはあまり多く習っても子どものためにならないと思います。多くても習いごとは三つまでにするのがよいでしょう。

子どもたちには、ぜひ友達と遊ぶ時間を確保してあげたいからです。習いごとから学ぶことがあるように、子ども同士で遊ぶことからも学ぶことは多いのです。

一方で、習いごとをするなかで本当に好きなことに出会い、その道で大成する子どもがいるのも事実です。ですから、たくさんの習いごとを経験させることは悪いことではありません。たくさん経験させて、そのなかから子どもたちの好きなものを三つまで選べばいいのです。

現在は、さまざまな習いごとで、「体験レッスン」をやっているようです。そのような体験レッスンで試してみて、興味が持てそうだったり、楽しそうだったら、やってみるというスタンスでもよいのではないでしょうか。

習いごとをさせたほうがよいのではなく、習いごとに限らず、子どものためになるものをさせたほうがよいということです。

Q⑨ まったく学習に意欲を持てない・集中力がない

A 時間と場所が合っていないかも

「集中して勉強ができない」というのは、多くの親が抱えている悩みだと思います。「10分も勉強しない」という子どももいるほどです。

でも考えてみてください。そういう子どもたちも、学校では5時間や6時間勉強をしているのです。

なぜ家ではまったく勉強できないのに、学校ではできるのでしょうか。それは学校は勉強するところと、子どもの頭にインプットされていること、そして勉強する雰囲気と場所がそろっているからです。もし、子どもがまったく勉強をしないというのなら、勉強の時間と場所が子どもの意欲と合っていないかもしれません。

放課後、仲のよい友達が外で遊んでいるのに、家のなかで勉強するのはつらいものです。そのようなときは、先に遊んでから夕食後に勉強をするようにしてもよいと思います。また、マンガやゲームが大好きなのに、マンガがたくさん置いてある自分の部屋で勉強するのも誘惑が多くて大変でしょう。

そんな子どもの場合はリビングで親の目のとどくところで勉強をさせてみるのもよい方法です。

「子どもが全然集中できない」と嘆く前に、集中できない原因がないか生活をふり返ってみることが大切なのです。

■親が問題を作ってあげる

私が1年生を担任したときのこと。なかなか家庭学習に手をつけられない子どもがいました。本当に5分も座っていられないのです。問題を書

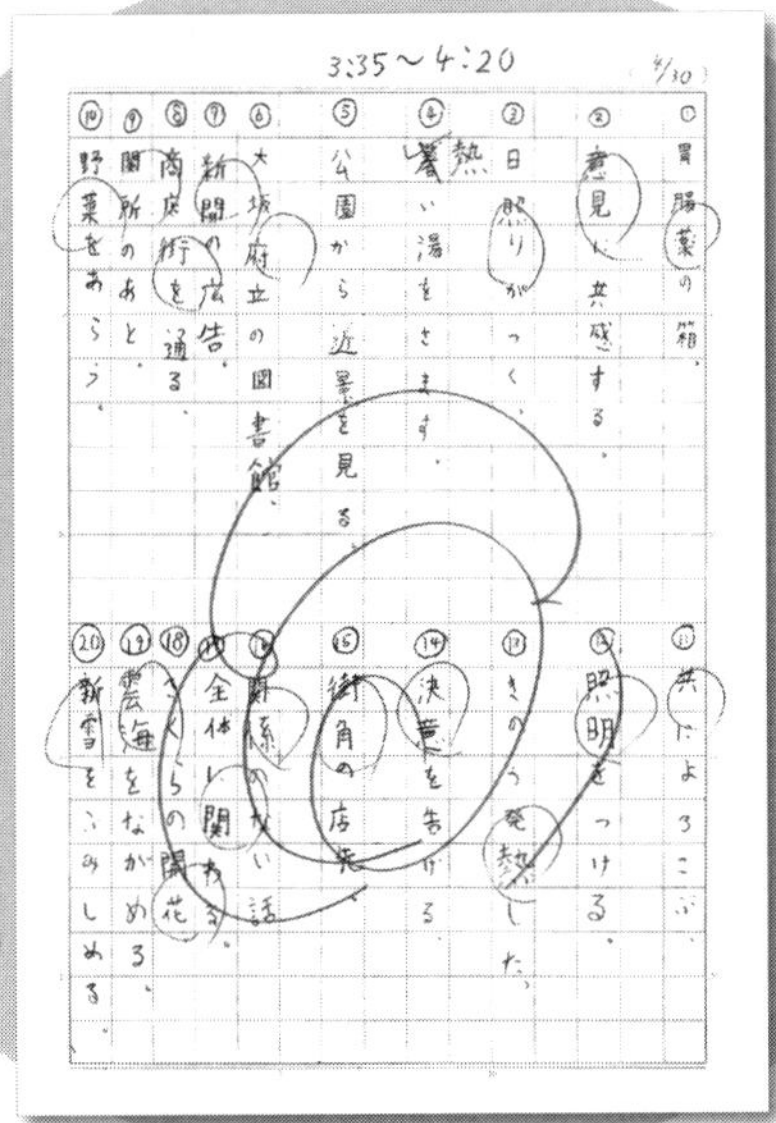

➡親が作った問題だと、子どもはそれを必死に解こうとします。そのような繰り返しで学習の習慣がついていきます

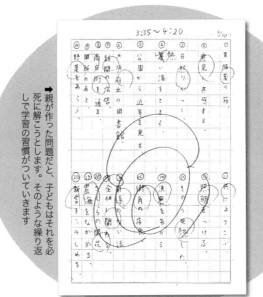

こうと励ましても、1問書くと飽きてしまいます。

そこで、お母さんと相談したのは、お母さんに問題を作ってもらうことでした。まずはお母さんが問題を書くところを座って見ています。そして、その問題を子どもが解くのです。その子もお母さんが作った問題だとわかると、それを必死に解こうとしたそうです。

これを毎日繰り返したところ、1ヵ月もするとお母さんの作った問題は集中して取り組めるようになってきました。そして、半年もすると自分で問題を書いて、30分間勉強できるようになったのです。

学習の習慣をつけるというのはすごく大変です。低学年のうちはなおさらです。そんなときには、子どもをすぐに叱るのではなく手をかけてあげることも大切なのです。

Q10 作文が嫌いです。どうしたらいいですか

A よい文をなぞり書きさせる

「作文が苦手」という子どもは、とても多くいます。そのような子どもの特徴としては、作文の型を理解していないために、何を書けばよいのかわからない状態にあるということです。そんな子どもたちにおすすめなのが、よい文章をなぞり書きして、どのようなことをどのような順序で書けばよいのか体感させることです。

なぞり書きをする文章としておすすめなのは、小学生新聞です。小学生新聞には、子どもたちの興味がありそうな記事が載っていますし、子どもたちが理解できるような子ども向けの文章になっているからです。

この小学生新聞の記事を拡大コピーをして、なぞらせるのがよいと思います。なぞるのが慣れてきたら、徐々に視写にうつっていきましょう。そうするうちに文章の組み立て方や表現の仕方が身についてくるのです。

■メモ内容を口頭であげさせる

もう一つ、おすすめの方法は作文メモを作ることです。小学校では作文メモの作り方を学習しますが、作文が苦手な子どもはメモを作ることも得意ではありません。

そういうときは、子どもに口頭で質問をしながらメモ作りを手伝ってあげるのがおすすめです。

たとえば、運動会の作文を書くとします。そのとき、何を書いたらいいのかわからない場合、親が質問をしてあげます。

「種目のなかで一番楽しかったのは何？」「どうしてそれが楽しかったの？」「次に楽しかったことは何？」などと質問をしてあげるのです。

そうすると、子どもたちは運動会のときのことを思い出しながら答えるはずです。この答えが作文メモになるのです。

こうして作文メモができたら、それを少しずつ膨らませて作文を書いていきます。メモの項目は四つから五つあれば、原稿用紙一枚程度の作文に近づくはずです。最後に自分の思ったことや考えたことを加えると作文の完成です。

■観察日記や絵日記から書いてみる

作文が書くのが苦手な子どもには、絵日記や観察日記がおすすめです。家庭学習ノートの上半分を絵にして、下半分を文章にします。

絵日記のよいところは、子どもたちの絵に描きたいことが表われることです。その絵を文章で説明すればいいのです。作文が苦手な子どもの多くは、「作文はたくさん文章を書かなければならない」と思っています。ですから、半分が絵の絵日記や観察日記から入って、文章を書くことの抵抗を少なくしてあげるのです。

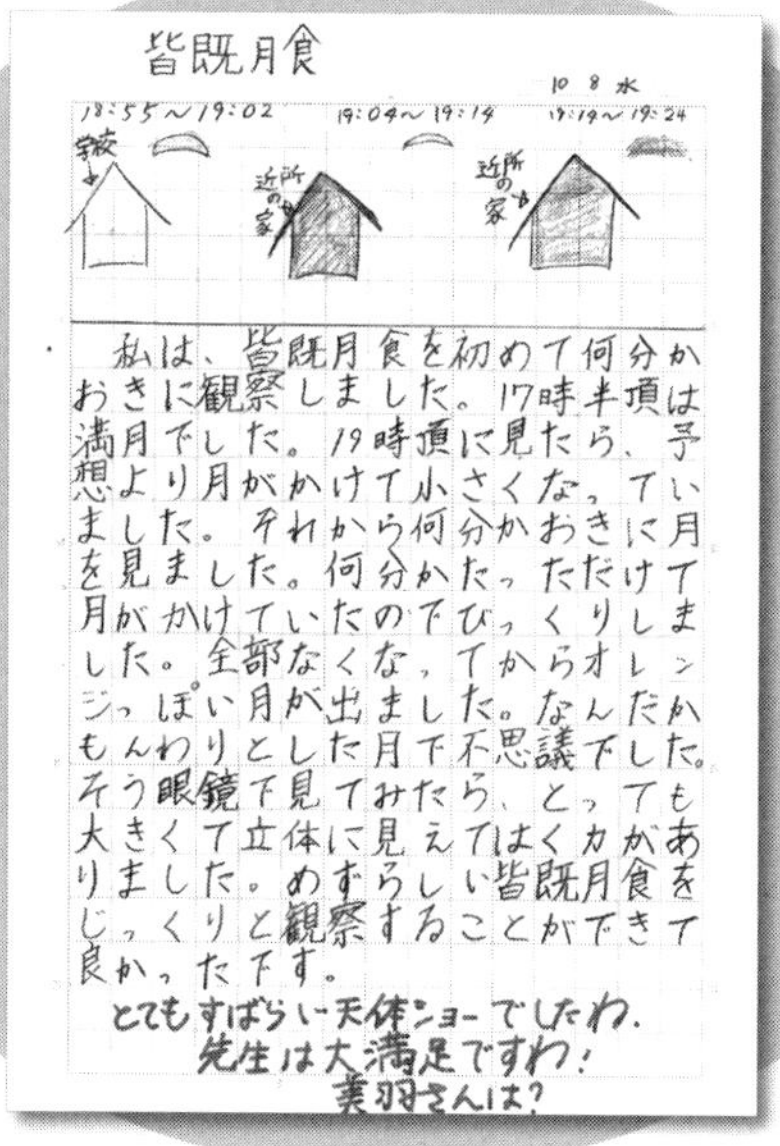

➡観察日記など絵が入ると、文章を書くことの抵抗が少なくなります

Q11 計算のケアレスミスが多い

A 数字をていねいに書く

計算のケアレスミスをしても「意味はわかっているから大丈夫ですよね」という親がいます。しかし、意味をわかっていないミスでも、ケアレスミスでも同じ減点になります。それに**ケアレスミスは、うっかりミスではありません。きちんと原因があるのです**。その原因を取り除かなければいつまでたってもケアレスミスは直らないのです。

では、ケアレスミスの原因は何でしょうか？　私の経験上、ケアレスミスの原因は途中の計算がしっかりとできていないことです。たとえば、計算を問題用紙のとても狭いところで行なったり、数字が雑で自分で判別できなかったりします。ですから、計算練習のときのようにしっかりと計算すればできるものも、急いでいるとできなくなってしまうのです。

■途中の計算を消さない

　まず、ケアレスミスをなくすうえで大切なのは途中の計算をしっかり書くこと、そしてそれを消さないことです。テストになると、なぜか子どもたちは途中の計算を消してしまいます。しかし、それではいくら見直しをしても途中の計算のミスを見つけることができません。また、問題を間違ったとき、どこで間違えたのか確かめることもできないのです。

　そうならないために、ふだんから計算問題を練習するときは、ゆとりのあるスペースで計算するようにしましょ

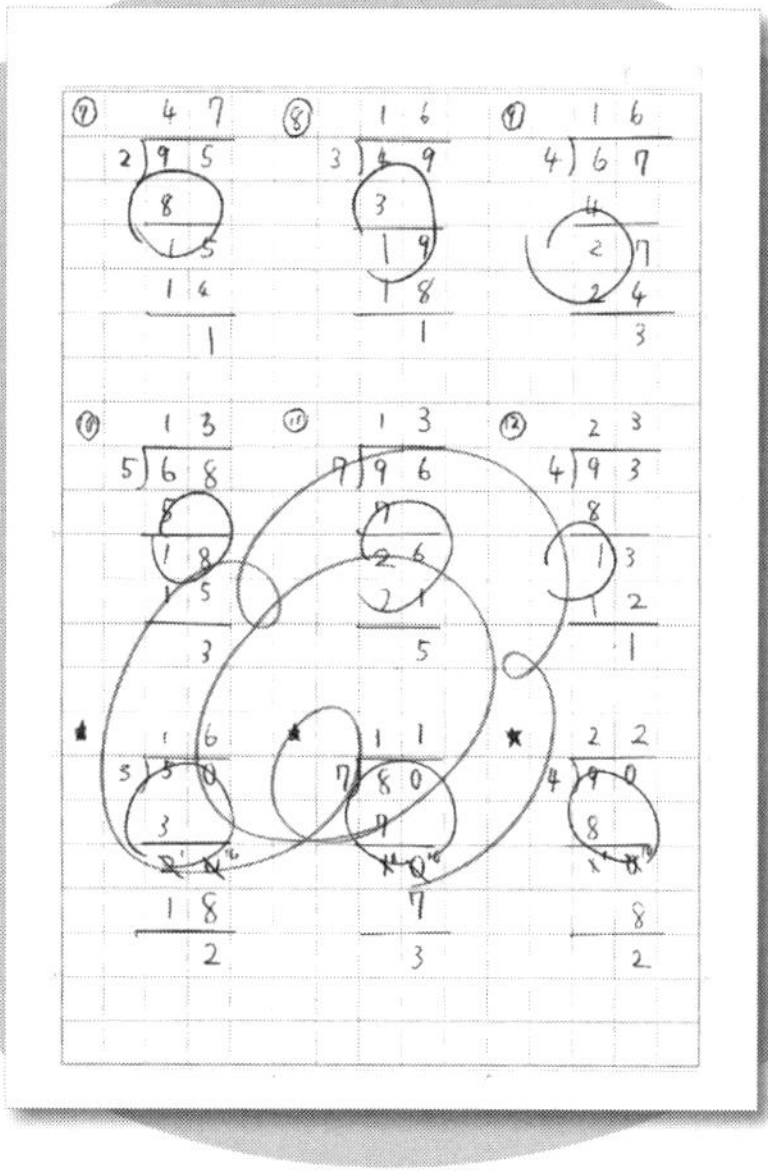

➡計算問題を練習するときは、ゆとりのあるスペースで計算するようにしましょう

う。文章問題のときも、計算スペースを取ってそれを消さないように習慣づけることが大切なのです。

■答えの見当をつける

もう一つケアレスミスを防ぐ方法として有効なのが、答えの見当をつけることです。見当というのは、だいたいこのくらいという答えの範囲のことです。「たとえば、30枚の色紙を9人で分けます。一人分は何枚になるでしょうか?」という問題があるとします。見当のつけ方としては、「10人だったら3枚ずつになるから、9人だったら3枚よりも多くなるかもしれない」という感じです。このだいたい3枚くらいという答えのめやすが大事になるのです。これがわかっていれば、答えが見当と大きく違う場合は計算し直すことができます。

ケアレスミスをする子どもの多くは、答えの見当をつけることをしていません。ですから、ふだんから「答えはどのくらいになるか」と予想しながら計算するくせをつけることが大切なのです。

Q12 算数の文章問題が苦手です

A 文章問題が苦手な原因

算数の文章問題が苦手な理由は大きく二つあります。一つは、計算力がないことです。この場合は、式を立てる以前の問題なので、繰り返しドリルなどで計算力をつけることが大切です。

もう一つは、計算力があっても文章の意味を理解できていないために立式できない場合です。この場合は、文章を理解する練習をしなくてはいけません。まず簡単な方法は問題を音読してみることです。音読をすると、目と耳から文章が入ってくるので問題を理解しやすくなります。文章を理解できない子どもの多くは、大切なところがわからずに流し読みをしてしまっているので音読が有効なのです。

また、出てくる数字の部分に赤や青の色鉛筆で印をつけることも有効です。こうすると、使う数字がはっきりとわかり、計算方法を考えやすくなるのです。

■絵や数直線を描いてみる

文章問題が出たら、図や線分図を描いてみるのもよい方法です。

たとえば6年生で速さの問題が出たとします。「Aさんは毎分75メートルの速さで歩いて家を出ました。その15分後にAさんの兄が自転車に乗り毎分200メートルの速さでAさんを追いかけました。Aさんの兄は家を出て何分後にAさんに追いつきますか」

このような問題は大人でも迷ってしまいますよね。このようなときはまず紙に線分図を描いてわかっている数字を当てはめていきます。そうすることで、だんだん情報が整理されて式を立てやすくなるのです。

このような図や線分図に描くのもなかなか難しいものですので、図にすることに慣れることが大切です。文章問題が出てきたら、必ず図や線分図に描いて考えるようにアドバイスするとよいでしょう。

■自分で問題を作ってみる

最後におすすめするのが、文章問題を自分で作ってみる練習をすることです。文章問題には独特の言い回しがありますので、自分で問題を作ることでその表現を学ぶことができます。

たとえば、15÷5という式から問題を作ります。

「クラスに15人の男子がいます。この男子を5つのグループに分けると、1グループは何人になるでしょうか？」

「ミカンが15個あります。これを5人で分けると何個になるでしょうか」

「家から図書館まで、15キロメートルの距離があります。これを時速5キロメートルの速さで歩いていくと何時間かかるでしょうか？」など、さまざまな問題が考えられるはずです。

子どもが問題を家庭学習ノートに作って、親に解答を出させるのです。そうすると子どもは楽しそうに問題作りを始めます。もちろん、問題が上手にできていたら、しっかりとほめてあげましょう。文章問題を作ることは、文章問題の構造を理解することができ、正しく解くことにもつながるのです。

◎ あとがき

本書を最後までお読みいただき、ありがとうございます。

この本のタイトルは、『親子でできる　秋田県式勉強法』です。タイトルのとおり、塾に通ったり、家庭教師をつけたりしなくても、子どもの学力がアップする方法をたくさん紹介しています。ここまでお読みになった方は、ご家庭でできる学力アップの方法が、おわかりいただけたのではないでしょうか。

本のなかでは、秋田県式の家庭学習のやり方、継続する秘訣を細かく解説しています。それにプラスして、子どもたちのまわりにある、学力アップに使えるツールも紹介しています。工夫しだいで生活のなかにあるさまざまなものや機会が、学力アップに応用できるのです。

たとえば、国語辞典や漢字辞典、教科書、小学生新聞、スーパーのチラシなどです。これらのものを勉強のなかに取り入れやすいのも、秋田県式の勉強法のよいところです。ぜひ、ご家庭でこの本で紹介した勉強法を取り入れたり、新たな方法を工夫したりして、秋田県式の勉強法をオリジナルなものに発展させてほしいと思います。

しかし一方で、お仕事を抱えていたり、家事が忙しかったりして「この本のなかに書いていることをしてやれる時間があるだろうか」「親がついていてやらないとできないのだろうか」と不安に思っている方もいるでしょう。

でも、大丈夫です。そんなお忙しい親御さんは、できることを一つ決めて始めてみるとよいのです。この本に書いてあることのなかから一つだけを選び、続けてみてください。きっと、少しずつ効果が出てくるはずです。

たとえば、夕飯の支度でなかなか勉強を見てあげられないお母さんは、子どもをリビングで勉強させて、ときどき子どもに声をかけながら調理をしてみましょう。

それだけでも、子どもは「お母さんが見てくれているから、がんばろう！」と思うものなのです。

家庭生活のスタイルは、さまざまです。ですからそれに合う形の、それぞれの勉強のスタイルがあって当然なのです。まずは、続けることを第一に考えて、自分の家庭でできることから始めてみることをおすすめします。

私が秋田県の家庭学習について、もっともすばらしいと思うことは、学習の基本をしっかりと押さえている点です。

- **1日の学習量を確保する**
- **自分で学習の内容を決める**
- **見られることを意識してていねいに書く**
- **毎日必ず続ける**
- **学習の「めあて」を決め、「ふり返り」をする**

どれも一つ一つは当たり前のことですが、それを毎日続けることで着実に力がついてくるのです。

今はなかなかできなくても、あせらずじっくりと繰り返すことで必ず成果が出てくるはずです。

小学生の子どもたちに大切なことは、勉強することの楽しさ、すばらしさを感じさせることです。人間は、生涯を通じて勉強しつづけることが理想です。そのための土台を作る時期が、まさに小学生の今なのです。

親御さんには、子どもたちが生涯学びつづけられる人になった姿、自立した大人になった姿を思い描きながら、子どもたちの勉強をサポートしてあげてほしいと思います。

子どもたちは、だれしも可能性を秘めた、かけがえのない存在です。その力と可能性をもっとも引き出せるのが、親御さんたちなのです。ぜひ、今できることを、子どもたちに伝えてください。そして、明るく、活力あふれる子どもたちが日本中に増えることを願っています。

最後になりましたが、本書の出版にあたり、二見書房の小川編集長にはたいへんお世話になりました。心より感謝申し上げます。ありがとうございました。

二〇一五年六月

菅原　敏

全国学力《ぜんこくがくりょく》テスト7年連続日本一《ねんれんぞくにほんいち》

親子《おやこ》でできる 秋田県式勉強法《あきたけんしきべんきょうほう》

著　者　菅原《すがわら》 敏《さとし》

発行所　株式会社　二見書房
〒101-8405
東京都千代田区三崎町 2-18-11 堀内三崎町ビル
電話　03(3515)2311［営業］
03(3515)2313［編集］
振替　00170-4-2639

印刷所　株式会社　堀内印刷所
製本所　株式会社　村上製本所

ブックデザイン　河石真由美《かわいしまゆみ》（CHIP）
DTP組版　有限会社 CHIP
イラスト　さいとうかこみ

落丁・乱丁本は送料小社負担にてお取替えします。
定価はカバーに表示してあります。

ISBN978-4-576-15113-7
http://www.futami.co.jp